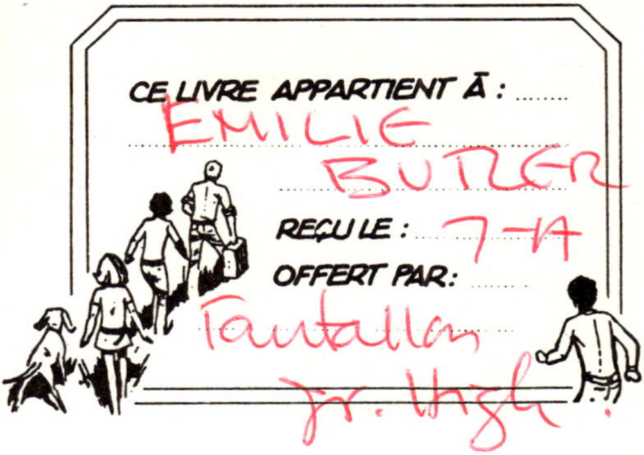
CE LIVRE APPARTIENT À :
EMILIE BUTLER
REÇU LE : 7-1A
OFFERT PAR :
Tantallan Jr. High

Enid Blyton

Le Club des Cinq au bord de la mer

Illustrations de Jean Sidobre

Hachette

L'ÉDITION ORIGINALE DE CET OUVRAGE
A PARU EN LANGUE ANGLAISE
CHEZ HODDER & STOUGHTON, LONDRES.
SOUS LE TITRE :

FIVE GO DOWN TO THE SEA

Hachette, 79, Boulevard Saint-Germain, Paris VIe

Chapitre 1

Les vacances commencent

Zut! mon pneu est à plat, dit Mick. Pas de chance! Cela tombe mal!»

François jeta un regard sombre vers la bicyclette de Mick, puis consulta sa montre.

«Juste le temps de le regonfler, en espérant qu'il tiendra jusqu'à la gare. Nous n'avons plus que sept minutes avant le départ du train.»

Déjà Mick s'affairait. Les autres, descendus eux aussi de leur bicyclette, faisaient cercle autour de lui, souhaitant de tout leur cœur que le malheur pût être vite réparé.

Quel drôle de départ en vacances! Dans sept minutes, les enfants grimperaient dans le train, à la gare d'Alleville. Heureusement, leurs bagages étaient partis en avance. Il n'y avait plus qu'à expédier les vélos. Dire qu'ils avaient pensé arriver de bonne heure et s'installer confortablement dans leur compartiment!

«C'est impossible! Nous ne pouvons pas manquer le train, dit Claude qui détestait que les choses aillent de travers.

— C'est très possible, au contraire, répondit François en se moquant de la grimace de Claude. Qu'en penses-tu, Dagobert?»

Dagobert jappa en remuant la queue, comme s'il était tout à fait d'accord. Mais comme c'était un bon chien, il lécha aussitôt la main de Claude pour la consoler. D'ailleurs, tout allait bien, le pneu était déjà en état de marche.

«Ouf! j'ai eu chaud! dit Mick en remontant sur sa bicyclette. J'ai eu bien peur de vous voir partir sans moi!

— Oh! nous n'aurions jamais fait ça, dit Annie. Nous aurions pris le prochain train. Viens vite, Dago!»

Les quatre cousins et Dago se hâtèrent. Le train était déjà annoncé... Le porteur vint vers eux : ii avait une bonne tête épanouie, des joues rouges, un large sourire.

«J'ai déjà enregistré vos bagages, dit-il. Vous n'avez pas grand-chose. Une petite malle pour vous tous!

— En vacances, nous n'avons besoin de rien! répondit François. Voulez-vous prendre nos bicyclettes, s'il vous plaît?»

Le porteur, toujours placide, emmena les bicyclettes.

« Vous allez à Toulirac, je vois, dit le porteur. Et à Trémanoir aussi ? Tâchez d'être prudents là-bas, la mer est mauvaise.

— Oh ! vous connaissez Trémanoir ? demanda Annie. Est-ce que c'est joli ?

— Joli ? Hum... je n'en sais rien ! »

Le train approchait dans un grand bruit de roues et de machine. Le porteur continuait à bavarder :

« J'allais pêcher avec mon oncle, qui possédait un bateau. Je me souviens seulement que c'était un endroit sauvage, désolé. Je n'aurais pas pensé qu'on puisse choisir un tel lieu pour des vacances ! Pas de jetée, pas de marchand de glaces, pas de pâtisseries, pas de cinéma, rien du tout.

— Parfait ! décréta François. C'est tout ce que nous voulons. Nous avons seulement envie de nous baigner, de louer un bateau, d'aller à la pêche, d'explorer le pays. Voilà les vacances que nous aimons !

— Ouah ! fit le chien, approuvant François.

— Montons en voiture, trouvons une bonne place, vite !... »

Claude était pressée.

« Bonnes vacances ! dit le porteur. Et si vous voyez mon oncle, dites-lui que vous me connaissez. Il s'appelle comme moi : Jean Le Fort.

— Merci ! Nous tâcherons de trouver votre oncle ! »

Et François s'engouffra à la suite des autres dans le couloir du wagon.

Ils eurent de la chance, car ils purent s'asseoir tous les quatre, chacun dans un coin. Quant à Dagobert, appuyé à la fenêtre, le nez dehors, il respirait l'air frais.

« Tu ne peux pas faire tout le voyage comme ça, Dago.

— Tu vas attraper des poussières dans l'œil!

— Tu te souviens, la dernière fois, il se frottait les yeux avec sa patte. C'était affreux! »

Dago ne fit pas attention à toutes ces paroles qui ne l'atteignaient point. Il avait décidé de voyager à la fenêtre. Il était content, les vacances étaient revenues, le temps heureux où il vivait au milieu de ses amis et de ses maîtres. Déjà il faisait des projets : « J'attraperai un lapin », se disait-il dans sa bonne grosse tête de chien. Il n'en avait jamais attrapé encore et continuait à vivre d'espoir.

« Nous partons, mes enfants! J'aime tellement le début des vacances! » s'écria François.

Pendant des mois, ils avaient fait des projets, en consultant des cartes; ils avaient imaginé les joies de l'été. Maintenant ils éprouvaient un grand bonheur d'être dans le train.

« Et il fait vraiment un temps de vacances! Claude, demanda Annie, comment ta maman a-t-elle eu l'idée de nous envoyer à la ferme de Trémanoir?

— C'est papa qui en a entendu parler. Tu sais que tous ses amis savants aiment beaucoup les endroits tranquilles où ils peuvent travailler en paix, dans la solitude. L'un d'entre

eux allait à la ferme de Trémanoir, parce qu'on lui avait dit que c'était le coin le plus sauvage et le plus silencieux de la région. Papa racontait que son ami était parti maigre comme un clou et qu'il était revenu gras comme une oie de Noël! C'est pourquoi maman a décidé de nous envoyer là.

— Elle a raison, dit Mick. Après trois mois d'école, je n'ai plus que la peau sur les os. Pourvu qu'on grossisse!»

Ils pouffèrent tous de rire, car Mick était joufflu et dodu à souhait.

«Toi, tu as besoin d'un peu d'exercice pour faire fondre ta graisse! Nous allons bien nous amuser; on va marcher, nager, pêcher!

— Et bien manger! dit Claude. Dago, il faudra être poli avec les chiens de la ferme; sinon tu ne seras pas gâté.

— Et avant de te mettre à chasser les lapins, prière de demander la permission aux roquets du voisinage».

Dago se retourna; sa petite truffe brillait, sa langue rose pendait! Il avait vraiment l'air de rire!

«C'est ça! Ris de mes plaisanteries, Dago! je suis si contente que tu viennes avec nous.

— Il est toujours venu avec nous, à toutes nos vacances, dit Claude, il a été mêlé à toutes nos aventures.

— Je ne veux courir aucune aventure, cette année, répliqua Annie d'une voix très ferme. J'en ai assez des mystères et des périls... Je veux seulement m'amuser.

— Parfait! déclara François. Pas d'aventure cette année, et si quelque chose va mal, nous ne nous en occuperons pas, d'accord?

— D'accord, répondit Annie.

— Parfait, dit Claude, d'un air dubitatif.

— Bien!» approuva Mick.

François parut surpris.

«Qu'est-ce qui vous arrive? Je ne vous reconnais pas. Vous croyez que, si nous nous trouvons face à face avec des personnages extraordinaires, en plein mystère, nous détournerons la tête et dirons : "Non, merci, pas d'aventure"!

— On verra, dit Claude. Je ne suis pas sûre...»

Mais la discussion s'arrêta là, car Dago avait une poussière dans l'œil et commençait à se frotter avec sa patte en poussant des plaintes lamentables.

«Je te l'avais bien dit! gronda Claude. Laisse-moi t'aider; tiens-le, veux-tu, François?»

Tout se passa bien, on enleva la poussière de l'œil de Dago et il se précipita de nouveau à son poste, à la fenêtre.

«Remontons la vitre; il n'obéira jamais!»

Et le problème fut résolu rapidement, car ce fut l'obscurité complète, le train siffla longuement et tout à coup s'engouffra dans un tunnel interminable. Dago, affolé, se réfugia sur les genoux de sa maîtresse.

«Allons, Dago, tu n'es pas un bébé. C'est un tunnel! François, débarrasse-moi de lui, il est beaucoup trop lourd, il se prend toujours pour un tout petit chien, il me fatigue!»

Le voyage sembla très long. Le compartiment était chaud. Lorsque le train s'arrêtait, c'était dans de petites gares sans intérêt et puis il fallait changer de train, attendre la correspondance. Dago mourait de soif, et la pauvre Claude devait mendier de l'eau aux porteurs.

Les Cinq avaient emporté leur déjeuner avec eux, mais ils n'avaient pas grand-faim. La bouteille d'orangeade, au contraire, fut bientôt vide. Ils étaient de plus en plus sales, ils avaient de plus en plus soif.

«Je donnerais tout ce que je possède pour un bain, dit François en s'éventant avec son journal.

— A quelle heure arrivons-nous? demanda Annie.

— Nous descendrons à Kermaneur, c'est le plus proche village avant la ferme de Trémanoir; de là, nous irons à bicyclette. Avec un peu de chance, nous arriverons à l'heure du goûter.

— J'espère que nous pourrons boire des jus de fruits! J'ai l'impression d'avoir traversé le désert.»

Le train stoppa enfin dans un endroit parfaitement sauvage. On voyait seulement deux petites baraques de bois construites le long de la voie ferrée. La locomotive s'arrêta en soufflant, comme si elle n'avait pas la force d'aller plus loin.

Les enfants n'avaient pas vu le nom de la station. Ils entendirent quelqu'un les héler. C'était le chef de gare.

«Alors on ne descend pas? Vous voulez rester là toute la journée?

— Mon Dieu! C'est Kermaneur? Nous descendons!»

La petite gare avait l'air triste, perdue au milieu des champs et des collines. Pas une seule maison en vue!

Mais Claude avait des yeux de lynx, et soudain ces yeux-là se mirent à briller. Elle serra le bras de François.

« Regarde la mer ! Là, entre les collines ! Tu ne vois pas ? Je suis sûre que c'est la mer. Elle est d'un bleu !...

— Ah ! je me sens mieux, dit Mick. Vite, allons chercher nos bicyclettes et demandons le chemin de la ferme de Trémanoir. Si on ne me donne pas bientôt à boire, ma langue va pendre comme celle de Dago. »

Le pauvre Mick dut regonfler encore une fois son pneu.

« La ferme est-elle loin ? »

François consulta son carnet de route : « Descendre à Kermaneur, cinq kilomètres jusqu'à Trémanoir. Le village est environ à un kilomètre de la ferme. »

« Ce n'est pas terrible. Nous pourrons toujours boire une limonade ou manger une glace au village.

— Ouah ! Ouah ! approuva Dago, qui raffolait des glaces.

— Pauvre chien, dit Annie, il aura tellement chaud en courant derrière nous ! N'allons pas trop vite !

— Avec mon pneu dégonflé, je ne risque pas de gagner une course. »

Ils allèrent donc doucement. Dago les regardait avec reconnaissance. Il ne se plaignait jamais lorsqu'il était avec les quatre enfants ; il les aimait tant ! Il devait être cinq heures. C'était une journée calme, ils ne rencontrèrent personne. Il faisait tellement chaud que les oiseaux eux-mêmes se taisaient ; pas de vent, le pays tout entier dormait dans le soleil et le silence. C'était un bien étrange pays...

« Je sens l'aventure dans l'air, dit soudain François, mais nous sommes fatigués de l'aventure, n'est-ce pas ? Pas question. Nous passerons notre chemin et ne chercherons à percer aucun mystère ; vous êtes bien d'accord ? »

Chapitre 2

La ferme de Trémanoir

Quelle ravissante promenade jusqu'à la ferme de Trémanoir! L'air sentait bon le chèvrefeuille. Les coquelicots et les bleuets émaillaient de taches de couleurs les grands champs ensoleillés.

Lorsqu'ils arrivèrent au village de Trémanoir, les enfants découvrirent une longue rue bordée de magasins et de maisons; plus loin encore, quelques fermes dont les toits d'ardoises grises scintillaient dans la lumière.

Mais les enfants n'avaient qu'une idée : trouver une pâtisserie. Ils ne virent qu'une grande épicerie qui vendait de tout.

« Nous allons nous offrir des glaces tout de suite », dit François qui était plein d'espoir.

Mais quelle déception : il n'y avait pas de glaces! Heureusement, les orangeades et les citronnades qu'on leur servit étaient très fraîches; elles étaient restées longtemps dans la cave.

« Vous êtes sans doute les enfants que Mme Penlan attend? demanda l'épicière. Vous n'êtes pas d'ici, n'est-ce pas?

— Non », répondit François. Evidemment, on allait les considérer comme des étrangers dans le pays. « Mais ma grand-mère avait une grand-tante qui habita Toulirac toute sa vie. Aussi nous ne sommes pas exactement des étrangers.

— Non, opina la paysanne au regard bleu de ciel, mais vous n'avez pas l'accent d'ici. C'est comme ce monsieur que Mme Penlan hébergeait. Il était un peu fou, mais nous l'avions adopté.

— Un peu fou, vraiment? demanda François en se servant pour la troisième fois à boire. C'était un savant, vous savez, et tous les vrais savants ont l'air d'être un petit peu fous; enfin, c'est ce qu'on dit! Que cette citronnade est bonne! Pourrais-je en avoir une autre bouteille, s'il vous plaît? »

L'épicière se mit à rire. Les enfants l'amusaient beaucoup.

« Bien, bien! Mais vous savez que Mme Penlan a dû préparer un bon repas pour vous. Vous ne pourrez rien manger avec tout ce que vous avez bu.

— Mais si, soyez tranquille. Combien vous dois-je? C'était très bon. »

François paya. Ils reprirent leurs bicyclettes une fois de plus, après avoir trouvé sur la carte la route qui menait à la ferme. Dago partit avec eux; il était désaltéré et visiblement content.

« Je crois que tu as bu trop d'eau, mon pauvre Dago. Mais qu'il fait chaud! Si ce temps-là continue, nous aurons la figure aussi rouge que celle des Indiens. »

La route montait. Ils arrivèrent bientôt. Ils entrèrent dans la cour de la ferme ; quatre chiens énormes accoururent vers eux en aboyant.

Dago leur répondit, mais il n'était pas assez fort pour s'imposer.

Une dame sortit derrière les chiens. Elle avait un visage souriant.

« Ici, Ben ! Ici, Bosco ! Ici, Nelly ! Vilain Willy, ici ! Ne vous effrayez pas, les enfants, c'est leur façon de vous dire "Bienvenue à la ferme de Trémanoir". »

Les chiens maintenant faisaient cercle autour des quatre enfants, langues pendantes, oreilles dressées, queues remuantes. C'étaient de très jolis chiens. Trois bergers et un fox noir. Dago les regarda l'un après l'autre. Claude le tenait par son collier, car on ne savait jamais de quoi Dagobert était capable ! Allait-il se jeter sur les quatre chiens pour leur dire bonjour ? Non, il n'en fit rien, il se conduisait comme un parfait gentleman. Il avait pris un air poli, remuant doucement la queue. Le petit fox courut vers lui et lui renifla le nez. Dago répondit à cette avance. Alors les trois bergers s'approchèrent à leur tour. Ils étaient très beaux. Les enfants se réjouissaient de voir la sympathie qu'ils manifestaient à Dago.

« Tout va bien, dit Mme Penlan, les présentations sont faites. Maintenant, venez avec moi, vous devez avoir envie de manger, de boire et de vous rafraîchir. J'ai préparé un goûter. »

Mme Penlan était chaleureuse et gentille. Elle les conduisit jusqu'à la salle de bain qui était grande, mais rudimentaire ; pas d'eau chaude, une baignoire préhistorique... Les enfants se lavèrent et se coiffèrent, ils en avaient bien besoin !

Il y avait deux chambres au premier étage : une

pour les filles et une pour les garçons. Elles étaient très petites avec des fenêtres minuscules et semblaient sombres, malgré le coucher de soleil rougeoyant à l'extérieur. Deux lits dans chacune, une chaise, une armoire, deux tables de nuit, rien d'autre. Mais quelle vue merveilleuse par les fenêtres : d'immenses étendues de champs de blé bordés de haies sombres, des prairies verdoyantes. Au loin des collines, doucement profilées sous le ciel, comme de grandes bêtes paisibles. L'incendie du soleil déclinant illuminait la campagne ; dans le lointain, la mer miroitait.

« Nous irons à la mer dès que nous pourrons, dit Mick qui avait bien du mal à se coiffer, car un épi rebelle se redressait toujours sur sa tête. Il y a des grottes dans les falaises, nous irons les explorer. J'espère que Mme Penlan voudra bien nous donner de quoi pique-niquer. Cela nous permettra de passer toute la journée sur la grève.

— Elle voudra sûrement, dit François. Elle est gentille comme tout. Je n'ai jamais vu quelqu'un d'aussi accueillant. Vous êtes prêts ? Descendons, j'ai vraiment faim ! »

Sur la table, Mme Penlan avait déposé un énorme jambon, rose comme la langue de Dagobert, du pain de seigle, du saucisson et des fruits.

Les pots de confiture à la groseille étaient d'une alléchante couleur.

« Est-ce que nous devons manger tout cela, madame Penlan ?

— Bien sûr », dit-elle.

Elle était petite, dodue et s'affairait gentiment autour des enfants.

« Et il y a encore une tarte aux cerises, faite avec nos cerises et notre crème. Je connais l'appétit des enfants, j'en ai eu sept! Ils sont tous mariés et partis, c'est pourquoi j'aime bien recevoir les enfants des autres, quand je peux.

— Je suis bien content d'être chez vous, dit Mick commençant à couper son jambon. Nous vous donnerons du travail, vous savez, nous avons beaucoup d'appétit.

— Je n'ai jamais connu d'enfants qui mangent autant que les miens, dit Mme Penlan d'une voix pleine de nostalgie, et je peux dire que je n'ai jamais rencontré aucun homme qui mange autant que M. Penlan. Quel robuste appétit! Vous le verrez bientôt.

— J'espère que nous lui laisserons de quoi dîner, dit Annie en regardant le jambon qui diminuait. Cela m'étonne pas que l'ami de mon oncle, qui avait habité ici, ait tant grossi, madame Penlan.

— Oh! le pauvre homme! dit leur hôtesse qui versait maintenant un lait crémeux, épais, dans leurs tasses. Il était si maigre! Il n'avait que la peau et les os. Il disait "non" à tout, mais je n'y prêtais guère attention. Lorsqu'il ne mangeait pas son dîner, j'emportais son plateau, puis je le lui rapportais dix minutes plus tard, après avoir réchauffé les plats en disant : "C'est l'heure de dîner, monsieur, et j'espère que vous avez faim."

Et il se mettait à manger quelquefois assez bien.

— Il ne s'apercevait pas que vous lui rapportiez le même plateau ? demanda François étonné. Il était bien distrait !

— Un soir, je le lui ai rapporté trois fois de suite ! dit Mme Penlan. Aussi, faites attention que je n'en fasse pas autant pour vous.

— J'aimerais bien ça, au contraire, répondit Mick, mais je mangerais mon dîner les trois fois. »

On entendit des pas dehors et bientôt la porte s'ouvrit. Le fermier entra. Les enfants le regardèrent, intimidés. Il était très grand, large d'épaules, brun de peau comme un Espagnol, ses cheveux abondants brillaient, noirs et bouclés ; il avait des yeux très sombres, dans un visage étrange.

« Voici M. Penlan ! » dit sa femme.

Les enfants se levèrent pour lui serrer la main, mi-effrayés, mi-admiratifs. Il pencha la tête et leur dit bonjour à chacun. Sa main était énorme, poilue.

Il s'assit et laissa sa femme le servir.

« Bon, dit Mme Penlan, et comment va la vache ? A-t-elle eu son petit veau ?

— Ha ! fit le fermier qui s'empara du jambon et en coupa sept tranches à la file sous les yeux effarés des enfants.

— Je suis contente que la vache aille bien, dit la fermière en débarrassant. Et le petit veau est gentil ? De quelle couleur ? »

M. Penlan ne parlait toujours pas, il faisait « oui » de la tête.

« Roux et blanc, comme sa mère ?

— Hum ! Hum !

— C'est très bien, n'est-ce pas ? »

Mme Penlan semblait avoir le don d'interpréter les « Hum » et les « Ha » de son mari.

« Comment l'appellerons-mous ? »

Les enfants s'attendaient à l'entendre dire « Ho ! » mais il murmura quelque chose qui ressemblait à « in ».

« Oh ! bonne idée, nous l'appellerons "le Rouquin". Tu as toujours de l'inspiration pour les noms, monsieur Penlan. »

Les enfants étaient de plus en plus surpris. C'était curieux d'entendre la fermière appeler son mari par son nom de famille. Un tel géant aurait dû se nommer Pantagruel ou Gargantua ! Ils s'amusaient beaucoup, tout en mangeant énormément. M. Penlan absorbait consciencieusement de grosses parts de gâteau, de la confiture, du fromage blanc, de la crème. Sa femme intercepta leur regard.

« C'est un gros mangeur, n'est-ce pas ? dit-elle fièrement. Mes enfants étaient tous comme ça. Lorsqu'ils étaient à la maison j'avais beaucoup à faire, mais maintenant que je n'ai plus que M. Penlan à nourrir, je me sens désemparée, je suis contente de vous avoir chez moi. Vous me direz si vous avez encore faim. »

Ils éclatèrent de rire, et Dago aboya. Il avait eu un délicieux repas, lui aussi : un os énorme ! Il n'en avait jamais mangé d'aussi gros ! Il se cachait pour le croquer, car il avait peur que les chiens de la ferme ne le lui volent !

M. Penlan fit entendre un bruit particulier, tout en fouillant dans sa poche.

« Ooah ! » dit-il, et il sortit un petit bout de papier plié en quatre, le tendit à sa femme qui le lut. Aussitôt elle sourit aux enfants.

« Nous allons bien nous amuser ici, dit-elle, les Barnies seront là cette semaine, ils vous plairont sûrement.

— Qui sont les Barnies? demanda Claude.

— Des comédiens ambulants qui jouent, chantent et dansent à travers le Pays, dans nos grandes fermes, dit Mme Penlan. Nous n'avons pas de cinéma, vous savez, aussi les Barnies sont toujours très bien accueillis.

— Quelle chance! Est-ce qu'ils joueront dans votre grange?

— Oui. Nous recevrons ici tous les gens du village.»

Mme Penlan rosissait de plaisir.

«Peut-être aussi, ajouta-t-elle, des gens de Trelen.

— Ha!» dit M. Penlan en hochant la tête.

Lui aussi aimait les Barnies. Il se mit à rire tout seul et murmura quelque chose d'incompréhensible.

«Il dit que vous aimerez surtout Clopinant le cheval. Si vous saviez ce qu'il fait : il s'assied, il croise les jambes. Enfin vous verrez... Quel cheval extraordinaire!»

Tout cela semblait bizarre. Un cheval qui s'assied et croise ses jambes! François regarda Mick d'un air entendu. Ils avaient hâte de voir les comédiens ambulants.

Chapitre 3

Le premier soir

Après ce bon goûter les quatre enfants n'avaient plus aucun courage. Mick aurait bien voulu réparer sa bicyclette convenablement, mais il se sentait paresseux.

Mme Penlan commença à laver la vaisselle. Claude et Annie offrirent de l'aider. Ce goûter copieux avait aussi servi de dîner.

« Vous devez être fatigués, ce soir, mes enfants. C'est gentil de me proposer de m'aider, mais il faudra aller vous coucher tôt. Mais dites-moi vos noms.

— Je suis Annie.

— Moi je suis Claude. En réalité, mon nom est Claudine, mais j'aurais tellement voulu être un garçon...

— Ne l'appelez jamais Claudine, conseilla Annie, elle ne vous répondrait pas. Mais puisque vous ne voulez pas qu'on vous aide, nous allons retrouver les garçons dehors. »

Elles partirent. Claude ressemblait à un garçon, en effet. Elle portait un short gris, une chemisette, ses cheveux étaient coupés court, elle avait un visage décidé. Elle mit les mains dans ses poches et marcha à grands pas comme Mick.

Mick avait trouvé le trou de sa chambre à air et était en train de la réparer. M. Penlan alla donner à manger à la vache et au veau nouveau-né.

Les garçons l'observèrent. Il portait une balle de foin énorme ; quelle force il devait avoir ! Il passa devant eux sans leur dire un mot.

« Pourquoi ne parle-t-il pas ? s'étonna Mick. Je suppose que ses sept enfants étaient aussi bavards que leur mère et qu'il n'avait jamais la chance de placer un mot. Maintenant, c'est trop tard et il a oublié.

— Qu'il est grand ! dit François. J'espère que je deviendrai comme lui.

— Pas moi ! Pour que mes pieds dépassent du lit et soient gelés toutes les nuits, merci ! répondit Mick. Voilà, j'ai fini, vous voyez le clou ?

— Regarde Dago, il est heureux avec les chiens de la ferme. »

En effet, Dagobert jappait et bondissait autour des chiens ; il les provoqua jusqu'à ce qu'ils jouent avec lui.

« Si Dago mange autant que nous, il va bientôt perdre sa ligne.

— Il nous suivra dans nos randonnées à bicyclette, il ne risquera pas de grossir beaucoup. »

Les filles arrivaient. Derrière elles, marchait un

étrange petit garçon, pieds nus, mal coiffé et sale.

« Qui est-ce ? dit Mick.

— Je n'en sais rien, répondit Claude. Il a surgi de derrière une haie et il nous a suivies ; il ne veut pas s'en aller. »

Le gamin portait des pantalons déchirés, une chemise sans boutons ; dans son visage brûlé par le soleil, ses yeux étaient veloutés et sombres. Il se tenait non loin d'eux et les contemplait.

« Qui es-tu ? » demanda Mick.

Le petit garçon, effrayé, recula de quelques pas et secoua la tête.

« Je te demande qui tu es ou, si tu aimes mieux : comment t'appelles-tu ?

— Yan, dit le gamin.

— Yan ? c'est un surnom.

— Il veut sans doute dire “Jean”. »

Le petit garçon inclina la tête.

« Oui, Jean, dit-il.

— Bon, Jean, dit Annie, tu peux t'en aller maintenant...

— Je reste. »

Et il resta, les suivant partout, les regardant avec une immense curiosité, comme s'il n'avait jamais vu d'enfants auparavant.

« C'est un petit moustique, grogna Mick, toujours à tourner autour de nous, il me fatigue. Eh ! Jean !

— Quoi ?

— Va-t'en ! Tu comprends ? File ! Allez, ouste ! Au large ! »

Jean le considérait toujours avec de grands yeux.

Mme Penlan apparut sur le seuil de sa porte et entendit tout cela.

« Jean vous ennuie ? dit-elle. Il est curieux comme un chat. Retourne chez toi, Jean. Donne ça à ton grand-père et voilà pour toi. »

Jean s'empara du paquet de provisions que lui donnait Mme Penlan ; il prit la tranche de gâteau et s'en alla sans un mot. Il courait, ses pieds nus ne faisant aucun bruit.

« Qui est-ce ? demanda Claude.

— Un pauvre gosse, dit la femme du fermier. Il n'a personne, sauf son grand-père. Ils ont plus de quatre-vingts ans de différence. Le vieil homme est berger, vous le verrez sur la colline. Il a une cabane de l'autre côté du vallon, où il vit, été comme hiver, avec cet enfant.

— Comment fait-il pour aller à l'école ? demanda François.

— Il n'y va pas. Il joue tout le temps. Mais il faut que vous connaissiez le grand-père qui est le descendant d'une famille de pirates ; il vous racontera d'étranges histoires...

— Nous irons le voir.

— Vous savez que cette côte était le refuge des pirates ?

— Non, je l'avais oublié, dit Mick. Que faisaient-ils ? Allumaient-ils des lumières pour faire croire aux bateaux que le port était proche ?

— C'est cela ! Les navires s'écrasaient alors contre les rochers. Les pirates les pillaient ensuite, sans pitié.

— La mer est-elle loin d'ici ? demanda Claude. Je la vois de la fenêtre de ma chambre.

— Vous y serez en dix minutes. Allez-y demain, si vous voulez, répondit la fermière. Vous avez l'air fatigués maintenant. Pourquoi ne faites-vous pas une petite promenade et ne revenez-vous pas vous coucher ? Je vous ferai une omelette lorsque vous reviendrez.

— Oh ! nous serions absolument incapables

d'avaler quoi que ce soit, répliqua Mick affolé. Mais nous allons faire une promenade, c'est une bonne idée! Courons explorer la ferme.»

Mme Penlan les quitta, et Mick regarda les autres.

«Une omelette! dit-il, vous vous rendez compte! M. Penlan en mangera sûrement une, mais pas nous!»

Ils sortirent en riant. Dagobert les suivit. La soirée était douce, une brise fraîche descendait des collines. Les enfants se promenèrent en silence, heureux de découvrir la ferme et ses habitants : les canards, les poules et, plus loin, les troupeaux de moutons couchés dans l'herbe de la colline. Les vaches ruminaient, et un vieux cheval s'approcha d'une haie pour contempler les nouveaux venus. Les enfants caressèrent ses naseaux veloutés tandis qu'il s'inclinait pour renifler Dagobert qu'il ne connaissait pas. Le chien lui rendit son bonsoir.

Les Cinq pénétrèrent dans les granges qui étaient sombres, sentaient bon le foin et le bois.

Mick était sûr que la plus grande de toutes servirait de théâtre aux Barnies.

«Ce sont sans doute des acteurs épouvantables, mais nous nous amuserons de toute façon. Nous pourrions, nous aussi, faire comme eux, ce doit être merveilleux d'errer à travers le pays et de distraire les paysans avec des chansons et des danses!

— Si nous essayions d'en faire autant? Nous pourrions donner une soirée, ou, mieux, un numéro au milieu du

spectacle des Barnies, s'ils nous le permettent.

— Ils ne nous le permettront pas, car nous sommes des étrangers, grogna Mick. Mais qu'y a-t-il derrière ce sac ? »

Dago était allé voir et aboyait de toutes ses forces. Les enfants se penchèrent.

« C'est encore Yan ! » s'écria François furieux, et il tira le gamin hors de sa cachette.

« Pourquoi nous suis-tu, petit nigaud ? demanda-t-il. Nous n'aimons pas ça, tu as compris ? Va trouver ton grand-père avant d'avoir mangé tout ce que Mme Penlan t'a donné, dépêche-toi. »

Il regarda l'enfant s'éloigner dans les champs.

« C'est rudement difficile de se débarrasser de lui, dit-il. Je pense qu'il est un peu simplet. Nous irons voir si son grand-père a vraiment des histoires excellentes à nous raconter ! »

Mick bâillait.

« Rentrons maintenant, dit-il, j'ai sommeil. Tu viens, François ? »

Ils étaient tous comme Mick ; ils avaient hâte d'être dans leur lit. Ils rentrèrent à la ferme suivis de Dago ; plus loin derrière eux, le cortège des chiens les accompagnait. Les fermiers étaient assis au coin de l'âtre, écoutant la radio. Mme Penlan aurait voulu les conduire jusqu'à

leurs chambres, mais ils la prièrent de ne pas se déranger.

« Bonsoir, monsieur Penlan. »

Le géant ne les regarda point, il grogna : « Ha ! »

François était couché et presque endormi, lorsqu'il entendit un étrange bruit par la fenêtre. Il ouvrit les yeux et écouta.

« Pourvu que ce ne soient pas des rats, pensa-t-il, sinon Annie va être effrayée, et Dago fera un scandale. »

François parla doucement à Mick. « Mick, tu es réveillé, tu n'entends pas un bruit venant de la fenêtre ? »

Pas de réponse. Mick était profondément endormi. Il rêvait qu'il avait dans le pied un trou aussi gros que dans la chambre à air de son vélo et qu'il ne pourrait plus marcher jusqu'à ce qu'on l'ait réparé.

François demeura étendu dans l'obscurité, guettant la moindre rumeur. Il était sûr maintenant que quelqu'un essayait de regarder par la fenêtre.

Il se glissa hors de son lit, traversa la chambre sur la pointe des pieds. François voyait les feuilles du lierre remuer. Il passa brusquement la tête par la fenêtre et vit tout près du sien un visage effrayé.

« Yan ! Qu'est-ce que tu fais là à nous épier ?

Qu'avons-nous de tellement extraordinaire ?» gronda-t-il furieux.

Yan était terrifié. Il se laissa glisser le long du lierre comme un chat, tomba avec un bruit mat sur le sol, et se sauva en courant.

«J'espère qu'il ne va pas continuer comme cela longtemps, pensa François en se recouchant, sinon je lui donnerai une bonne leçon !»

Mais François ne fut pas long à se rendormir. Aucun des quatre enfants n'ouvrit les yeux, jusqu'à ce que retentisse le chant triomphant du coq.

«Cocorico !»

Chapitre 4

Dans les grottes

Les trois premiers jours à la ferme de Trémanoir s'écoulèrent dans la paresse et le bien-être. Les enfants se promenaient au soleil, s'asseyaient dans les champs, regardaient les troupeaux. Ils mangeaient beaucoup, dormaient bien et jouaient avec les chiens ; Yan les suivait partout, il courait pieds nus derrière eux. Lorsqu'ils pique-niquaient dans une prairie, il se cachait derrière une haie et les observait de ses grands yeux brûlants.

« Cela ne sert à rien de lui dire de partir, grognait François, il disparaît derrière une haie et surgit d'une autre. Pensez-vous qu'il va bientôt se fatiguer de nous épier ainsi ?

— Je crois qu'il est seulement curieux, répondit Claude.

— Mais Dago qui gronde toujours lorsqu'il voit des gens sales ou mal habillés, l'a adopté ; il joue avec lui, n'est-ce pas bizarre ?

— J'irai voir son grand-père demain et je lui demanderai de garder Yan auprès de lui. »

A cet instant, deux yeux sombres apparurent entre les branches d'un arbre, et Dago s'élança vers le gamin en jappant de plaisir.

« Dago, viens ici ! cria Claude. Ne comprends-tu pas qu'il ne faut pas encourager Yan à nous suivre ? »

Sa voix était si sévère que le chien revint s'asseoir près d'elle, la tête basse.

François fit partir Yan, et celui-ci disparut tellement vite que les enfants demeurèrent perplexes. Il avait une façon tout à fait particulière de s'évanouir à leurs yeux pour revenir au moment où ils ne l'attendaient plus.

« Je n'aime pas ce gosse, dit François. Je ne sais pourquoi il me cause un malaise.

— Il n'est sûrement pas méchant puisque Dago l'aime, dit Annie qui avait une grande confiance en leur chien. Dago n'aime jamais quelqu'un qui n'en vaut pas la peine.

— Il a pu se tromper cette fois-ci, dit Claude. Il lui arrive d'être stupide. Je ne suis pas contente de toi, Dago.

— Allons nous baigner, proposa Mick. Prenons nos bicyclettes, Yan ne pourra pas nous suivre. »

Ils partirent. Mme Penlan leur avait donné du pain, du pâté et du cidre. Ils prirent la route vers la mer. Ce n'était pas vraiment une route, mais plutôt un étroit chemin qui serpentait dans les collines.

« Regardez la mer ! » cria soudain Mick.

Le sentier descendait entre deux hautes falaises. D'énormes vagues se brisaient contre les récifs avec de grands jaillissements d'écume.

Les enfants laissèrent leurs bicyclettes derrière un rocher et se mirent en maillot de bain. Entre les falaises, il y avait une crique où la mer était plus calme.

Les enfants se baignèrent, mais l'eau était glacée. Les quatre cousins nagèrent vivement pour ne pas prendre froid, tandis que Dago pataugeait. Puis ils pique-niquèrent dans les rochers, s'allongèrent au soleil, et, une fois reposés, ils décidèrent d'aller explorer la plage au pied des falaises.

« C'est fantastique ! s'écria Claude. Des grottes, encore des grottes et toujours des grottes ! Des récifs blancs et roux ! Que c'est beau ! Mais à marée haute, tout doit être recouvert d'eau.

— Sûrement, répondit François, et la plupart de ces cavernes doivent être envahies par les vagues. Ce n'est pas étonnant que Mme Penlan nous ait conseillé de bien faire attention aux heures de marée ! Si nous étions pris, nous ne pourrions sûrement pas grimper le long de ces falaises.

— Regardez donc, je ne crois pas me tromper, ce petit bandit de Yan est encore là ! » s'exclama Annie.

Derrière un rocher couvert de varech, la tête ébouriffée de l'enfant apparaissait.

« Il a dû courir tout le long du chemin jusqu'ici ! ajouta François. Allons, il est temps de partir, la marée monte.

— Est-ce que tu crois qu'il connaît bien les marées ? demanda Annie, inquiète. Sait-il qu'il risque d'être emporté ?

— Bien sûr! Ne sois pas sotte! Enfin, si tu veux, nous attendrons un peu là-haut. Remontons! Nous avons tout juste le temps de reprendre le sentier, à moins que quelqu'un n'ait l'intention d'escalader la falaise.»

Ils trouvèrent un endroit charmant sur la hauteur, non loin du rocher où ils avaient garé leurs bicyclettes. Ils s'assirent et dégustèrent les chaussons aux pommes que Mme Penlan leur avait donnés pour le goûter.

«Elle fait vraiment bien la pâtisserie!» commenta Mick.

La marée avançait à grands pas, et bientôt les quatre cousins entendirent les vagues gigantesques battre les rochers.

«Nous n'avons pas encore vu Yan, murmura Annie. Pourvu qu'il ne lui soit rien arrivé!

— Allons voir, dit Mick. Je ne l'aime pas, mais je ne voudrais pas qu'il se noie.»

Les deux garçons s'approchèrent le plus qu'ils purent sur la falaise, mais ils ne virent pas Yan.

«On ne distingue plus du tout la plage! s'exclama François. Je comprends maintenant les dangers de la marée. Elle monte terriblement vite! Les vagues entrent dans la dernière grotte que nous avons visitée.

— Qu'est-il arrivé à Yan? Il n'est pas remonté par le sentier. Où peut-il être?»

Mick parlait fièvreusement, et François commençait à être angoissé lui aussi. Il hésita : pouvaient-ils s'aventurer un peu sur les rochers? La dernière vague l'en dissuada. Ce serait une folie. Une autre vague pareille à celle-ci, et Mick et lui seraient arrachés du rocher auquel ils se cramponnaient.

«Regarde, en voilà une encore plus grosse!» cria

François, et ils se sauvèrent à toutes jambes.

« Nous n'avons vu Yan nulle part, dit François aux filles. La plage est recouverte par la mer, les grottes sont remplies d'eau.

— Il n'est pas noyé, au moins ? demanda Annie effrayée.

— Mais non. Il connaît bien la côte et la mer, puisqu'il vit ici. Rentrons. »

Ils firent la route en silence. Ils ne pouvaient s'empêcher d'être inquiets au sujet du petit garçon. Que lui était-il arrivé ? Lorsqu'ils furent à la ferme, ils interrogèrent Mme Penlan.

« Pensez-vous que Yan ait pu être renversé par une vague et noyé ? » demanda Annie.

Mme Penlan sourit.

« Mais non ! Il connaît son chemin et pourrait le faire les yeux fermés. Il est beaucoup plus intelligent que vous ne croyez ! »

Tout cela était plutôt réconfortant. Bientôt, les enfants reverraient sans doute les yeux noirs de Yan fixés sur eux. Après un dîner délicieux, ils allèrent de nouveau se promener dans un chemin bordé de noisetiers. Ils s'assirent sur un banc, et Mick distribua du sucre aux chiens.

« Regardez ! » s'écria

Claude tout à coup. Elle tournait la tête vers un chêne tout proche. Les autres regardèrent. Deux yeux noirs brillaient.

« Yan ! »

Il les avait suivis comme d'habitude et s'était caché pour les surveiller. Annie était tellement contente de le revoir qu'elle s'exclama :

« Yan, veux-tu un bonbon ? »

Yan accourut aussitôt, la main tendue ; pour la première fois, il souriait. Son petit visage mal lavé soudain s'illuminait. Annie lui rendit son sourire. Il était si gentil, au fond !

« Ah ! te voilà ! » s'écria à son tour Mick.

Quelle joie de le retrouver ! Ils avaient tous eu une telle peur qu'il se soit noyé ! Quant à Dago, il lui faisait une fête ; il avait toujours aimé Yan. Il lui lécha les genoux, les bras, sauta sur lui. Il était si fort qu'il aurait pu renverser le petit garçon. Yan riait, se prenait au jeu et courait après le chien, François Mick et Annie, autour d'eux, s'amusaient follement. Seule, Claude n'était pas contente. Dago lui appartenait. Elle n'aimait pas qu'il jouât avec les autres. Evidemment, elle se réjouissait de voir Yan sain et sauf, mais elle ne l'aimait pas. Aussi fit-elle la grimace. François fit remarquer à Mick la tête de Claude. Alors Claude accentua sa grimace.

« Vous avez eu tort de lui donner des friandises, dit-elle. Il va nous poursuivre encore plus qu'avant. »

Yan revint demander d'autres bonbons et les mit tous à la fois dans sa bouche. Il avait l'air d'avoir mal aux dents, tellement sa joue était gonflée.

« Venez voir mon grand-père, dit-il avec autorité, il vous racontera beaucoup d'histoires. »

Et, comme les autres ne répondaient pas assez vivement, il insista :

« Mon grand-père aime aussi les bonbons. »

François éclata de rire.

« Très bien, nous irons le voir demain après-midi. Et maintenant va te laver, sinon nous ne te donnerons plus jamais de friandises. Compris ?

— Oui ! » dit Yan.

Il sortit les trois bonbons de sa bouche, les examina pour voir s'il en restait encore beaucoup à sucer, puis les engloutit de nouveau.

« Va te laver tout de suite. Non, attends un peu, j'ai quelque chose à te demander. Comment es-tu revenu de la plage cet après-midi ? Tu as grimpé le long du rocher ?

— Non, répondit Yan, calant ses bonbons dans l'autre joue. J'ai pris le chemin des pirates, c'est mon grand-père qui me l'a montré. »

Et il s'enfuit avant même qu'on ait eu le temps de lui poser une autre question.

« Vous avez entendu ça ? dit François. Il est venu par le "chemin des pirates" ! Incroyable ! Peut-être que nous nous sommes nous-mêmes promenés sur l'une des plages que hantaient jadis les écumeurs de mer !

— Oui, mais comment Yan pouvait-il demeurer sur la plage alors que la marée montait si vite ? Je n'y comprends rien. Où est ce chemin ? Je crois que nous devrions faire une visite au vieux grand-père demain. Il nous expliquera tout cela.

— Bon, d'accord, allons-y, dit Claude, mais souvenez-vous de ce que je vous ai dit. Yan nous ennuiera encore plus, maintenant que nous l'avons encouragé.

— Après tout, il n'a pas l'air d'un méchant gosse, dit Mick, et s'il persuade son grand-père de nous livrer le secret du chemin des pirates, nous nous amuserons beaucoup! Qu'en penses-tu, François?

— Cela peut même nous conduire vers l'aventure, dit François en se moquant du visage trop sérieux d'Annie. Attention, Annie, je sens l'aventure à Trémanoir!

— Tu dois te tromper, répondit Annie. Et pourtant, moi aussi, je sens quelque chose.»

Chapitre 5

Yan et son grand-père

Le jour suivant était un dimanche. Mais pour les Penlan cela n'avait guère d'importance, ils se levaient toujours aussi tôt : les vaches, les chevaux, les poules et les canards n'appréciaient pas la grasse matinée dominicale, ils désiraient manger à la même heure que les autres jours.

« Voulez-vous aller à la messe ? demanda Mme Penlan. La route jusqu'à l'église de Trémanoir est ravissante, vous aimerez sûrement M. le curé ; c'est un saint homme.

— Oui, nous irons, dit François. Nous attacherons Dago dehors près de la porte, il a l'habitude.

Et, cet après-midi, nous avons l'intention d'aller rendre visite au vieux berger, madame Penlan.

— Yan vous montrera le chemin, dit la fermière. Moi, je vous préparerai un bon repas puisque c'est dimanche! Aimez-vous la salade de fruits avec de la crème fraîche?

— Oh! oui, répondirent-ils tous en chœur.

— Puis je vous aider? demanda Annie. Nous avons vu l'énorme tas de petits pois qu'il y avait à écosser!

— Ce sera bientôt l'heure de la messe. Mais comme il y aura beaucoup de travail aujourd'hui, je veux bien que vous me donniez un coup de main. Les filles éplucheront les légumes, les garçons pourront essayer aussi, bien que ce ne soit pas leur affaire!»

Le visage de Claude se renfrogna. Elle aurait tellement aimé être un garçon que, chaque fois que l'on séparait le clan des filles de celui des garçons, elle était furieuse.

Pour l'instant, comme le soleil brillait haut dans le ciel, les cousins s'assirent sur le seuil de la ferme pour profiter de sa chaleur. Ils ne furent pas longtemps seuls. Les quatre amis de Dagobert poussant de grands «Ouah! Ouah!» vinrent tourner autour d'eux.

«Ouah!» fit un chien berger, en provoquant Dago.

«Dago, il te demande d'aller jouer avec lui, expliqua Claude. Pourquoi n'y vas-tu pas? Je n'ai plus besoin de toi, ici.»

Dago lécha la main de Claude et s'enfuit joyeusement. Ce fut une bagarre pour rire. Les quatre chiens s'acharnaient sur Dago qui se défendait fort bien.

« Regardez-le, dit Claude fièrement, il peut les tenir à distance d'une seule main.

— D'une seule patte, veux-tu dire. »

Maintenant c'était une course effrénée, Dago était rapide comme le vent.

« Ce brave Dago, commenta François, il nous a été bien utile dans certaines aventures.

— Il le sera encore, sans aucun doute. J'aime mieux avoir Dago avec moi que deux chiens policiers. »

Tout en bavardant, les enfants écossaient les petits pois, les garçons n'étaient pas très adroits et, de temps en temps, sans le vouloir, ils bombardaient leurs voisines.

« J'en ai reçu dans le cou, je vais les semer à l'église !

« Voilà Yan. »

Il arrivait. Il marchait avec légèreté, presque en sautillant. Il était aussi sale que d'habitude. Mais son sourire était charmant. Avant même de dire bonjour il tendait la main pour demander un bonbon.

« Ne lui en donne pas, dit François, il ne faut pas qu'il devienne un petit mendiant. Qu'il gagne ses friandises, mais que cela ne tourne pas à l'habitude ! Yan, si tu veux un bonbon, tu peux nous aider à écosser les petits pois. »

Mme Penlan apparut soudain.

« Mais qu'il se lave les mains d'abord. »

Yan regarda ses mains et les cacha derrière son dos.

« Va te laver », dit François.

Mais Yan fit « non » de la tête, et s'assit un peu plus loin.

« Bon, ne te lave pas les mains, n'écosse pas de

petits pois, tu ne mangeras pas de bonbons», dit Claude.

Yan la regarda avec des yeux furieux. Il ne l'aimait pas beaucoup, lui non plus. Et soudain, alors que personne ne faisait attention à lui, il ramassa les petits pois qui étaient tombés par terre et les mangea.

«Grand-père a dit qu'il vous attendait, je vous conduirai.

— Très bien, répondit François, nous irons cet après-midi. Mme Penlan nous préparera un panier et nous goûterons sur la colline. Tu pourras partager les gâteaux avec nous, si tu te laves les mains et la figure.

— Je crois qu'il n'a jamais dû savoir ce que c'était que l'eau, grogna Claude. Ah! voilà Dago qui revient, je ne veux pas qu'il lèche un enfant aussi sale. Ici, Dago!»

Mais Dago accueillit encore une fois le petit berger avec une joie sans mesure, et le jeu de la veille recommença. Ils se battaient gentiment, roulaient par terre l'un sur l'autre.

«Si vous voulez assister à la messe, il serait temps de vous préparer, dit Mme Penlan.

— Nous y allons.

— Ah! c'est fantastique! Vous m'avez déjà écossé tout cela!

— Nous avons presque fini. Nous en avons écossé plus de mille, je pense.

— C'est que mon mari adore les petits pois, il pourrait en manger des kilos. »

Elle disparut de nouveau dans sa cuisine; les enfants, prêts pour la messe, prirent le chemin de l'église.

Mme Penlan avait raison : c'était un chemin ravissant, bordé de genêts et d'acacias. L'air sentait bon; c'était un matin heureux. Les filles coupèrent des brins de chèvrefeuille et les piquèrent dans la paille de leurs chapeaux.

« Nous sentirons bon à l'église », dit Annie.

La vieille église dormait à l'ombre de ses tilleuls; elle était toute petite, accueillante, charmante. Lorsque Yan vit que l'on attachait le chien près du portail de l'église, il décida de rester avec son ami, ce qui n'amusa pas du tout Claude. Elle ne pourrait pas les surveiller, et ils allaient faire les fous tout le temps qu'elle serait à la messe.

La chapelle était fraîche et obscure, mais trois vitraux de couleurs projetaient sur les colonnes et sur les dalles des reflets violets, rouges et bleus. M. le curé avait l'air d'un saint. Son sermon, tout simple, semblait émouvoir chacun des fidèles en particulier. Il les connaissait bien tous, il était leur ami.

Lorsque les enfants sortirent de la messe, ils furent éblouis par le soleil. Dago aboya, Yan était très calme. Il avait passé son bras autour du cou du chien et le caressait. Lorsqu'on le détacha, Dago partit en courant, selon son habitude.

« Vous viendrez voir grand-père ?

— Oui, cet après-midi. Tu nous montreras le chemin, viens nous chercher après le déjeuner. »

Aussitôt après un repas extraordinaire — rôti de veau et carottes, petits pois, pommes de terre nouvelles et, pour le dessert, une exquise salade de fruits à la crème — Yan apparut sur le seuil de la porte.

« Oh ! avez-vous vu la montagne de petits pois que M. Penlan a avalée ? dit Annie suffoquée. Cela ne m'étonne pas qu'il ne puisse pas parler quand il mange !

— Si vous allez voir le vieux berger, je vais vous mettre quelques gâteaux dans un panier pour lui et pour Yan.

— Je vous en prie, madame Penlan, supplia Mick, ne nous mettez pas trop à manger, sinon nous ne pourrons pas dîner ce soir. » Mais naturellement, selon la coutume, Mme Penlan prépara un énorme goûter.

Le chemin jusqu'à la cabane du berger était très long. Yan marchait fièrement en tête. Ils traversèrent le champ et longèrent des ruisseaux. Les chevaux en liberté galopaient ; les chèvres broutaient. Enfin, ils arrivèrent au sommet de la plus haute colline. Là, d'immenses troupeaux paissaient dans le silence d'une nature heureuse.

Le vieux berger était a… près de sa cabane; il fumait sa pipe. Il était ridé …me une vieille pomme. Malgré sa petite taille, il g…ait un air assez élégant et plein de santé. Les …nfants l'aimèrent tout de suite. Il avait le même sour…e que Yan, un sourire ébloui qui faisait briller ses yeux, bleus comme un coin de ciel; ses épais sourcils broussailleux, sa barbe frisée et ses cheveux étaient gris, d'un gris très clair pareil à la laine des moutons qu'il gardait.

« Soyez les bienvenus, dit-il. Yan m'a beaucoup parlé de vous.

— Nous avons apporté de quoi goûter avec vous, dit Mick. Nous aimerions que vous nous racontiez des histoires. Est-il vrai que votre père était un des naufrageurs les plus fameux de son temps? »

Le vieux berger fit « oui » de la tête.

François sortit un sac de bonbons de sa poche et lui en offrit. Il en prit un et le mangea tout de suite. Yan en voulut un, lui aussi. Le vieux grand-père avait toutes ses dents, car il croqua rapidement la friandise et commença à parler. Il parlait lentement et simplement et, par instants, s'arrêtait pour chercher un mot qui lui manquait.

« Vivre toute sa vie avec des moutons vous fait oublier la conversation », pensa François, que le vieil homme intéressait avec son air sage et ses yeux profonds. « Il doit être plus souvent avec des animaux qu'avec des hommes. »

« Le grand-père a certainement des histoires passionnantes à nous raconter, de terribles récits », pensait Annie.

« Vous avez vu ces rochers en bas de la côte de Trémanoir? Des rochers hantés, faits pour le malheur des navires et des hommes. De nombreux bateaux se sont brisés … cette côte, et la plupart des naufrages … provoqués volontairement par des band… Cela peut vous paraître incroyable, mais c'… vrai.

— Comment la plupart des naufrages ont-ils pu être provoqués? demanda Mick. Les bateaux étaient-ils attirés par des lumières?»

Le vieil homme baissa la voix d'un ton, comme s'il craignait d'être entendu ou espionné.

«Il y a cent ans, plus bas, le long de la côte, il y avait un feu destiné à guider les navires qui passaient par là. Les pilotes devaient conduire leur bateau vers cette lumière, ensuite suivre la côte en évitant les récifs qui surgissent de la mer. Ils étaient saufs alors, mais durant des nuits terribles, une autre lumière s'allumait quatre kilomètres plus loin, afin d'attirer les bateaux égarés vers les rochers de Trémanoir. Ils venaient alors se fracasser contre les falaises.

— Quelle horreur! s'écrièrent Annie et Claude ensemble.

— Oui, les hommes sont parfois d'une grande cruauté, répondit le grand-père. Regardez mon vieux papa, qui était pourtant un brave homme, il allait à l'église, m'emmenait avec lui, mais c'est lui qui allumait cette lumière et poussait les bateaux à leur perdition.

— Avez-vous jamais vu un navire se fracasser et sombrer?» demanda Mick, imaginant le bruit terrible de la tempête et les hurlements des naufragés engloutis dans l'abîme.

«Oui, j'ai vu tout cela... dit le grand-père avec un regard lointain. J'étais envoyé vers les falaises avec les hommes et j'étais chargé de porter la lanterne que le pilote verrait tandis qu'il conduisait son navire au malheur. Pauvres bateaux! Ils gémissaient comme des êtres vivants avant de sombrer dans la mer. Le lendemain, je devais retourner aux falaises, aider à ramener les marchandises que l'on avait recueillies et cachées dans les grottes. Il y avait des noyés rejetés par la mer sur la grève. Oui, je les ai vus.

— Ne nous parlez pas des noyés, dit Mick, qui se sentait tout barbouillé. Où les pirates plaçaient-ils donc la lumière? Sur les collines ou sur la falaise?

— Je vous montrerai ce lieu maudit. On ne peut l'apercevoir que d'un seul endroit. Les pirates devaient naturellement éviter que leur lumière ne soit vue de la terre...»

Il les conduisit à travers champs. Entre deux buttes, les enfants purent voir, au loin, une vieille maison attenante à une tour en ruine. Bâties probablement sur un récif proche de la rive, elles n'étaient visibles que de ce point précis. Plus loin, l'une ou l'autre des collines les cachaient.

«J'étais le seul qui eût jamais su que l'on pouvait

voir cette lumière de la terre, dit le grand-père. Je surveillais les moutons toutes les nuits et je voyais la lumière et j'entendais les appels angoissés des sirènes, je savais alors qu'un navire faisait naufrage et que les pirates étaient au travail.

— Avez-vous souvent aperçu cette lumière?

— Oh! très souvent. C'était toujours durant des nuits d'orage, alors que les navires cherchaient désespérément leur chemin sur une mer déchaînée, dans les hurlements sinistres du vent. Alors la lumière brillait et je priais : «Que Dieu aide les marins cette nuit.»

— Mais c'est horrible! s'exclama Claude, dont le visage avait pâli. Vous devez être content de ne plus voir cette maudite lumière maintenant, durant les nuits de tourmente.»

Le grand-père regarda Claude, et ses yeux durcis se firent étranges, il lui parla plus bas; il la prenait pour un garçon :

«Mon garçon, dit-il, cette lumière apparaît encore durant certaines nuits d'orage. La tour est en ruine, mais j'ai vu la lumière trois fois dans l'année. Que la tempête se déchaîne et le phare s'allumera encore, je le sens; mon petit garçon, je le sens.»

Chapitre 6

Un étrange conte

Les quatre enfants frissonnaient, malgré la chaleur du soleil. Le vieux berger disait-il la vérité? Des pirates allumaient-ils encore leur feu maudit dans la vieille tour en ruine? Pourquoi? Mais y avait-il seulement des pirates au XXe siècle?

Mick exprima tout haut ce que chacun pensait tout bas :

«Il n'y a sûrement plus de naufrages sur cette côte maintenant. N'y a-t-il pas un phare au bout des falaises pour avertir les navires du danger?» Le grand-père inclina sa tête grise.

«Oui, il y a un phare et il n'y a pas eu de naufrage depuis quelques années. Pourtant, la lumière est apparue, je l'ai vue de mes propres yeux, et j'ai de bons yeux encore.

— Je l'ai vue aussi», dit Yan soudain.

Le grand-père jeta un regard ennuyé à Yan.

«Ne fourre pas ton nez partout; tu n'as jamais vu la lumière, tu dors comme un bébé toute la nuit.

— Je l'ai vue», dit Yan obstiné.

Il s'échappa aussitôt, car il redoutait une gifle de son grand-père.

Mick changea de sujet :

«Grand-père, connaissez-vous le chemin des pirates? Y a-t-il un passage souterrain qu'ils utilisaient autrefois?»

Le grand-père n'avait pas l'air content.

«C'est un secret. Mon père me l'avait révélé; j'ai juré de ne pas montrer le souterrain.

— Mais Yan a dit qu'il connaissait le chemin.»

Yan disparut derrière un buisson. Le vieux grand-père se retourna et le chercha partout sans le trouver.

«Ce gamin ne sait rien du tout! Je suis le seul à avoir la clef du mystère. Yan a de l'imagination, il a dû entendre raconter la légende et il l'a prise pour une réalité.

— Ah!» fit Mick désappointé.

Il espérait que, grâce au grand-père, ils auraient un nouveau terrain d'exploration. Après tout, peut-être le découvriraient-ils eux-mêmes tout seuls : ce serait encore plus amusant!

François, fasciné par le récit du vieux berger, posa de nouvelles questions au sujet du phare.

«Qui peut, à votre avis, allumer le phare de la tour? Vous dites que l'endroit est en ruine; êtes-vous sûr que vous n'avez pas vu un éclair? Vous dites que c'était pendant une nuit d'orage...

— Ce n'était pas un éclair. J'ai vu la première lumière alors que j'étais enfant ; cette année, je l'ai vue de nouveau trois fois à la même place, c'était la même lumière et il faisait le même temps. Et si vous me disiez que la lanterne n'était pas allumée par des mains humaines, je vous croirais. »

Un profond silence suivit cette phrase. Annie regardait au loin la tour en ruine entre les deux collines. Les pirates avaient été très intelligents de choisir un endroit que l'on ne pouvait pas apercevoir de la côte, personne donc, excepté le grand-père, n'avait pu être témoin de leurs signaux.

Le vieux berger semblait maintenant perdu dans ses souvenirs, puis il se mit à raconter des légendes des temps anciens. L'une était l'histoire d'une femme que l'on croyait sorcière.

Les quatre cousins ne quittaient pas des yeux cet étrange personnage, émerveillés de penser qu'ils étaient emportés vers un monde de magie, où les fées, les pirates, les criminels d'un temps cruel réapparaissaient grâce à un vieillard qui était un peu poète.

Lorsque François ouvrit le panier du goûter, on vit accourir Yan. Assis au soleil, sur le seuil de la cabane, les enfants regardaient le paisible troupeau. Deux agneaux vinrent se blottir contre le berger, posant leur museau sur ses genoux.

« Ce sont des agneaux que j'ai nourris au biberon, ils s'en souviennent toujours. Allez-vous-en maintenant, ce gâteau n'est pas pour vous. »

Yan mangeait à belles dents. Il souriait souvent à Annie, il l'aimait bien. Quant à elle, elle le trouvait drôle et puis elle avait pitié, son grand-père ne lui donnait sûrement pas assez à manger.

Les cloches sonnaient l'angélus du soir, et le ciel,

d'un bleu très pâle, se teintait de l'éclat rougeoyant du soleil couchant.

« Il nous faut partir maintenant, dit François, le chemin est assez long. Merci pour ce bel après-midi, grand-père. Vous devez être content d'être débarrassé de nous maintenant, vous allez fumer tranquillement votre pipe.

— Oui, oui, dit le grand-père, sincère. J'aime être seul à penser, à rêver ; mes souvenirs ont presque cent ans. Et quand j'ai envie de parler, je parle à mes brebis, elles écoutent fort bien. »

Les enfants réprimèrent leur rire, car le berger était très solennel. Ils reprirent leur panier, dirent au revoir et s'éloignèrent.

« Pensez-vous qu'il disait vrai à propos de la tour ? Et si c'est vrai, qu'est-ce que tout cela cache ?

— Il y a une seule façon de le savoir, répondit Claude tout excitée, attendons une nuit d'orage et venons voir !

— Et notre serment ? demanda François : "Si l'aventure apparaît, nous lui tournons le dos", nous nous étions juré cela, vous ne vous rappelez pas ?

— Oh ! fit Claude en haussant les épaules...

— Il nous faut respecter notre serment », dit Annie.

Mais elle savait bien ce qu'en pensaient les autres.

« Regardez tous ces gens qui traversent les champs ! »

Plusieurs roulottes, tirées par des chevaux, des voitures, des charrettes, encombrées de bagages et de décors, apparurent ; c'étaient les roulottes les plus fascinantes que les enfants aient jamais vues. Elles étaient plus étranges encore que celles des gitans. Une dizaine d'hommes vêtus de costumes de l'ancien temps marchaient à côté des voitures et guidaient les chevaux. Il y avait des jeunes, il y avait des vieux, tous paraissaient gais ; ils semblaient sortis d'un livre de légendes. Le grand-père avait dû voir des hommes habillés comme ça.

« Qui est-ce ? » demanda Annie.

Sur la plus grande des voitures en lettres de couleur, était écrit : LES BARNIES.

« Oh ! ce sont les Barnies, les comédiens qui jouent dans les granges, quelle chance ! »

Les Barnies aperçurent les enfants. Un homme vêtu d'une redingote de velours et portant une longue épée leur distribua des papiers. Il les lurent aussitôt :

Les Barnies arrivent.
Ils chanteront, danseront, joueront
des comédies de toutes sortes :
Edith Vallée la chanteuse rossignol,
Roland Carter le danseur de la Belle Epoque,
Jeanine Coste et son violon,
Raoul Roger le meilleur ténor du monde
et tous les autres.
Nous vous présenterons aussi Clopinant,
le cheval le plus drôle du monde.
Les Barnies arrivent.

« Formidable ! » dit Claude.

Elle s'approcha des roulottes.

« Allez-vous jouer à la ferme de Trémanoir ?

— Bien sûr ! répondit un homme aux yeux rieurs. Nous y donnons un spectacle tous les ans. Vous habitez là ?

— Oui, dit Claude. Nous vous attendrons, où allez-vous maintenant?

— A la ferme de Jobic pour la nuit. Mais nous serons bientôt à Trémanoir.»

La caravane s'éloigna emportant ces hommes et ces femmes vêtus de velours et de taffetas.

«C'est extraordinaire! dit Mick. Leur spectacle n'est peut-être pas de premier ordre, mais c'est sûrement drôle, ils ont l'air d'une joyeuse bande.

— Tous, excepté l'homme qui conduisait la première voiture, vous avez remarqué? Il avait l'air méchant!» observa Annie.

Personne n'y avait fait attention.

«C'est probablement le propriétaire, ou le directeur, dit Mick. Il doit avoir beaucoup de soucis avec sa troupe ambulante. Allons! Où est Dago?»

Claude siffla. Yan les suivait comme toujours et Dago jouait encore avec lui.

La ferme était paisible, presque endormie. Un cheval en liberté trottait dans un champ; tout inspirait la joie. Dans la cour de la ferme, des pas résonnaient; c'était M. Penlan. Il grogna quelque chose à l'égard des enfants et entra dans la grange. Annie murmura :

«Je l'imagine très bien vivant autrefois parmi les

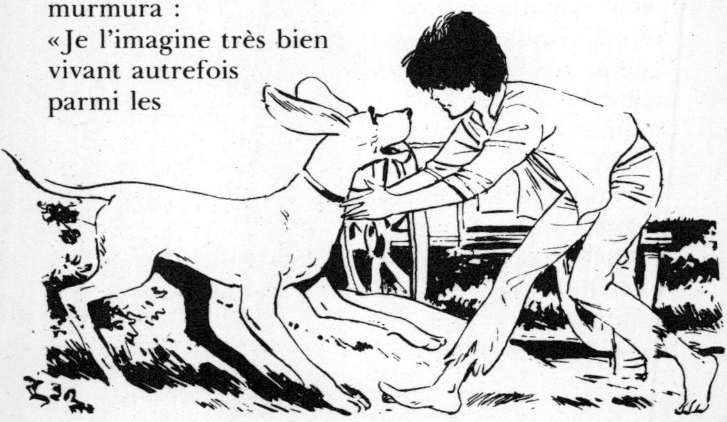

bandits de la mer!

— Oui, je vois ce que tu veux dire, répondit Mick. Il a un air tellement farouche et volontaire, je suis sûr qu'il aurait fait un excellent pirate!

— Penses-tu qu'il y a toujours des naufrageurs et que cette lumière brille réellement dans les nuits de tempête?

— Je n'en sais rien, dit Mick, mais pourquoi s'allumerait-elle?

— Ce berger est très vieux! Il ne sait plus très bien ce qu'il dit...

— Mais Yan prétend avoir vu la lumière.

— Yan raconte n'importe quoi.

— Pourquoi le berger a-t-il laissé entendre que cette lumière n'était pas allumée par des mains humaines? Il ne pense tout de même pas que le fantôme de son père revient faire ce travail?»

Il y eut un silence.

«Nous n'avons qu'à grimper dans la tour et nous verrons bien.»

La phrase de Mick fut suivie d'un autre silence.

Annie se hasarda :

« Nous avions dit que nous ne nous occuperions plus de percer des mystères.

— Oh! ce n'est pas tellement mystérieux! Il s'agit seulement des souvenirs d'un vieillard qui a dû voir un éclair par une nuit d'orage. Nous pouvons très bien aller pique-niquer sur la plage et explorer les ruines. Ce n'est guère dangereux!

— J'aimerais bien, répondit Claude. Nous emmènerons Dago, il nous protégera.

— Parfait, dit Annie. J'accepte. Allons-y quand vous voudrez.

— Tu es une brave fille, dit Mick en lui donnant une bonne bourrade. Mais tu n'es pas obligée de venir, si tu as peur. Nous te raconterons à notre retour ce que nous aurons vu.

— Sûrement pas, riposta Annie rougissante. Je veux savoir quel est le mystère de la tour!

— Très bien, nous irons dès que nous le pourrons, demain peut-être », conclut François.

Mais Mme Penlan les appelait.

« Les enfants, venez vite dîner, vous devez avoir faim! »

Le soleil était couché, François regarda le ciel avec étonnement.

« Regardez ces nuages noirs, dit-il. L'orage est proche! Il a fait tellement chaud aujourd'hui!

— Un orage! s'écria Claude. La lumière s'allume dans les nuits de tempête. Oh! François! ne pourrions-nous pas aller voir? »

Chapitre 7

La nuit

Avant que les enfants aient fini leur dîner, la cuisine fut envahie par l'obscurité, alors que d'habitude le jour entrait fort tard par les grandes fenêtres ouvertes sur la cour. L'orage était de plus en plus menaçant et bientôt un roulement de tonnerre se fit entendre.

Le petit fox vint se cacher sous les jupes de Mme Penlan ; il avait horreur des orages. Elle le réconforta, tandis que son mari grognait.

« Mon mari dit que ce chien est craintif comme une souris. » Mme Penlan excellait vraiment dans l'art de traduire les grognements de son époux.

« Il n'aime pas l'orage ; il faudra le faire dormir dans notre chambre cette nuit. »

De nouveau le tonnerre grondait, tandis que des éclairs d'un bleu métallique déchiraient le ciel.

« Ecoute, si tu dois te lever cette nuit pour voir le poulain, il faudra faire attention que les chiens n'aboient pas trop. »

Elle se retourna vers les enfants :

« Ne vous inquiétez pas, si vous entendez les chiens japper. »

Les éclairs se rapprochaient, la mer devait être en tempête, la pluie tombait dru. Sur le toit les gouttes rebondissaient, en faisant un crépitement sec.

Les quatre enfants allèrent jouer aux cartes sur le coin d'une table éclairée par une lampe à pétrole, car il n'y avait pas d'électricité à Trémanoir. Dagobert s'assit tout contre Claude et posa sa tête sur ses genoux, il n'avait pas peur, mais il n'appréciait pas particulièrement la tourmente.

« Nous allons nous coucher », dit François enfin.

Il savait que les Penlan aimaient dormir de bonne heure, ils se levaient si tôt ! Les cousins dirent bonsoir et ils se retirèrent dans leurs chambres. Les fenêtres étaient encore ouvertes. Le vent faisait danser les petits rideaux. Au loin, les collines illuminées par les éclairs apparaissaient et disparaissaient tour à tour, comme par magie. Les enfants regardaient de tous leurs yeux. Ils aimaient tous l'orage ; surtout Mick. Une impression de puissance et de majesté se dégageait de cette tempête. La mer devait être belle, montant à l'assaut des falaises obscures.

« François, si nous allions à l'endroit que le berger nous a montré ? demanda Claude. Vous avez tous ri tout à l'heure quand je vous l'ai demandé.

— Et j'en ris encore ! Nous n'irons sûrement pas,

nous serions trempés! Cela n'a aucun intérêt d'être dehors par ce temps.

— Bon répondit Claude, d'ailleurs je n'aime pas particulièrement la pluie et l'obscurité.

— Parfait, dit François. Viens, Mick, allons nous coucher. »

L'orage tournait au-dessus de la région, il dura encore quelque temps. Pourtant, les filles s'endormirent vite, car elles étaient lasses. Seuls, les garçons se sentaient nerveux, presque fiévreux.

« Mick, dit François, sortons et allons voir. Je voudrais savoir si le grand-père a dit vrai, si la lumière de la tour est allumée.

— D'accord, répondit Mick en s'habillant. Je ne pouvais pas dormir. »

La nuit était très chaude. Ils prirent une lampe électrique et sortirent. Ils marchèrent sur la pointe des pieds dans le couloir, passèrent sans bruit devant la chambre des Penlan, une marche de l'escalier craqua. Ils s'arrêtèrent inquiets à l'idée qu'un chien pourrait aboyer, mais aucun ne s'éveilla. Ils s'éclairaient de leur lampe pour descendre.

« Sortirons-nous par la grande porte, ou par-derrière?

— Par-derrière. Celle de devant est trop difficile à ouvrir. »

Ils durent passer par la cuisine qui était fermée, mais ils parvinrent à ouvrir sans faire trop de bruit. C'était toute une expédition. Enfin, ils se trouvèrent dehors, la pluie avait cessé, mais le ciel était encore noir et couvert; au loin l'orage grondait. Un vent frais s'était soudain levé, frappant les enfants au visage.

« C'est bon, ce petit vent! murmura Mick. Maintenant il faut traverser la cour et, si nous voulons prendre le raccourci, il faut traverser le premier pré sur la droite, n'est-ce pas?

— Oui, je pense», dit François.

La cour était sombre et étrangement silencieuse, alors que tout le jour on y entendait des jacassements de volaille, des aboiements de chiens, des hennissements de chevaux.

Ils passèrent devant l'écurie et entendirent Colibri, le poulain.

«Allons voir s'il va bien, il avait l'air si malheureux cet après-midi quand je l'ai vu.»

Ils tournèrent leur lanterne afin d'éclairer l'étable et découvrirent le poulain debout sur ses longues pattes, mâchant consciencieusement un peu de foin. Tout allait bien.

La pluie recommençait à tomber, et il était difficile de grimper dans le chemin boueux entre les hautes herbes. Il faisait très sombre.

«Oh! François! tu as entendu?

— Non, quoi?»

François tendit l'oreille.

«J'ai entendu tousser.

— C'est l'un des moutons. J'ai déjà entendu l'une de ces bêtes tousser exactement comme notre oncle en se raclant la gorge.

— Non, ce n'était pas un mouton. Je crois qu'il y a quelqu'un dans les champs, au carrefour des sentiers.

— Tu as trop d'imagination. Il faut être aussi fou que nous pour se promener dans les champs à cette heure. Il n'y a sûrement personne.»

De nouveau, le tonnerre retentit un peu plus près, puis un éclair zébra la nuit. Mick s'accrocha au bras de François.

«Il y a quelqu'un devant nous, murmura Mick. Je l'ai vu dans la lumière de l'éclair! Que fait-il là, immobile arrêté à la croisée des chemins? On dirait qu'il scrute la nuit! Attend-il quelqu'un? Il hésite. Quel chemin va-t-il prendre?»

Un autre éclair déchira l'obscurité.

«Je l'ai aperçu à mon tour! dit François. Il a choisi le chemin que nous allions suivre... Il va peut-être vers les collines pour découvrir les pirates comme nous... Mais je suis sûr qu'il s'est retourné, qu'il nous a vus!

— Peut-être pas... Viens, suivons-le!»

Les garçons montèrent toujours prudemment entre les haies. L'homme avait disparu. Il s'était peut-être caché? Peut-être les épiait-il dans l'ombre? Soudain une main se referma durement sur l'épaule de Mick. Il se débattit mais la main était si forte que Mick ne put s'empêcher de crier.

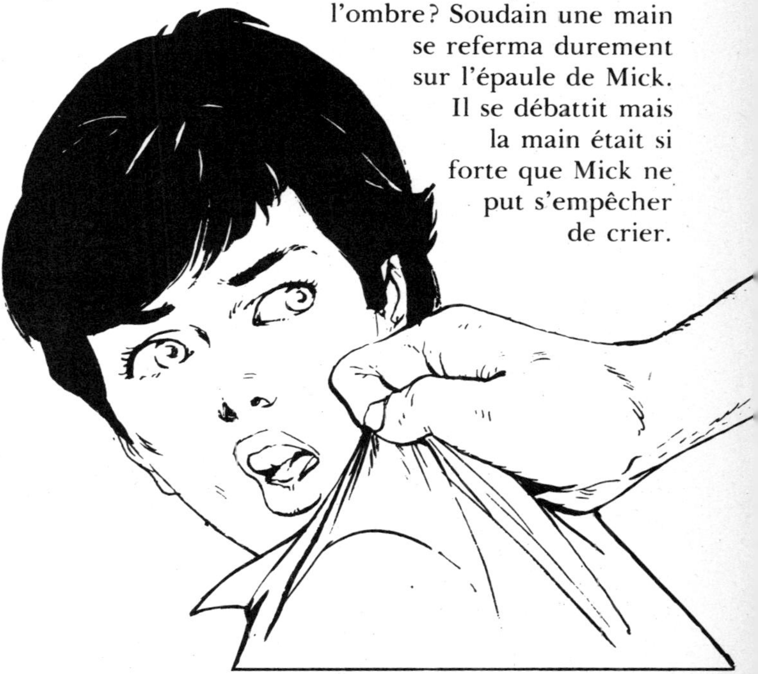

François sentit la même poigne de fer s'abattre sur lui, mais il eut le temps de se glisser de l'autre côté de la haie.

« Laissez-moi partir ! » criait Mick se débattant comme un beau diable.

Sa chemise était presque arrachée, il s'agrippait au poignet de l'homme et finalement il réussit à se sauver en lui abandonnant un grand lambeau de tissu.

Il courut se cacher lui aussi sous un buisson dans l'obscurité. Il entendit l'homme s'approcher en grognant et il s'enfonça encore plus profondément sous les branches d'un petit arbre. Une lumière balaya le sol tout près de lui, mais le manqua.

Mick entendit les pas s'éloigner et sortit enfin de sa cachette.

« François », murmura-t-il.

La voix de François lui répondit toute proche.

« Je suis là. Tout va bien ?

— Oui. Mais j'ai perdu ma lampe. Où es-tu, François, dans l'arbre ? »

Des doigts lui caressèrent les cheveux.

« Sur la première branche. Je me suis d'abord caché dans la haie, et puis j'ai grimpé. Je n'ai pas osé braquer ma lumière sur ce bandit.

— Il est parti, mais il m'a fait horriblement mal à l'épaule ! Il a même déchiré ma chemise. Qui était-ce, l'as-tu vu ?

— Non, répondit François en sautant à terre. Mais essayons de retrouver ta lampe. Ce serait dommage de l'avoir perdue, nous en aurons encore besoin. »

Comme François ne se hasardait toujours pas à se servir de sa propre lampe, ils cherchèrent à tâtons. Enfin, ils mirent la main dessus.

«Ecoute, je suis sûr que ce bonhomme revient, j'ai entendu sa petite toux sèche. Qu'allons-nous faire?

— Je propose de nous cacher et de le suivre pour voir où il va. Quelqu'un qui erre dehors toute la nuit ne peut être un homme bien recommandable! Il faut découvrir ses méfaits.

— D'accord. Enfonçons-nous dans les buissons.»

Les pas se rapprochèrent, de nouveau l'homme toussa.

«Je connais cette toux, murmura Mick. Qui tousse comme cela?

— Chut!»

Ils entendirent l'homme s'éloigner sur la colline. Après avoir attendu un petit peu, ils le suivirent avec prudence, le plus silencieusement possible. Bientôt, le ciel s'éclaira un peu et ils aperçurent une ombre devant eux.

Retenant leur souffle, ils la suivirent à distance: leur cœur battait très fort.

«C'est peut-être un employé de la ferme? murmura François. Il s'est arrêté et a l'air de redescendre vers les granges. Penses-tu que ce soit l'un des laboureurs? Ils habitent dans les maisons des alentours.»

En effet, l'inconnu redescendait maintenant vers la cour de la ferme en empruntant un autre sentier. Les garçons suivaient toujours. Il traversa le jardin potager qui appartenait à Mme Penlan, puis se dirigea vers la porte de la façade. Allait-il dévaliser la ferme? Etait-ce un voleur? Les enfants sentaient l'angoisse les envahir. Mais le *bruit d'une clef* puis d'une porte refermée les força à s'arrêter.

«Il est entré! dit François tout étonné.

— Tu devines maintenant? Nous aurions dû

nous en douter quand nous avons entendu sa toux. C'était M. Penlan. Cela ne m'étonne pas qu'il ait disloqué mon épaule dans sa main de géant!

— M. Penlan! Mais tu as raison! répondit François, si étonné qu'il en oubliait de parler à voix basse. Nous ne nous étions pas aperçus que la porte était ouverte, puisque nous sommes sortis par derrière. C'est idiot, nous avons suivi le fermier! Mais qu'allait-il faire sur les collines, par ce temps-là?

— Peut-être qu'il aime se promener la nuit. Rentrons maintenant.»

Ils se glissèrent jusqu'à la porte de derrière qui était heureusement toujours ouverte. Ils entrèrent, refermèrent derrière eux, enlevèrent leurs chaussures et montèrent l'escalier sur la pointe des pieds. Ils poussèrent des soupirs de soulagement lorsqu'ils se sentirent en sécurité dans leur chambre.

«J'ai horriblement mal à l'épaule. Allume et dis-moi si elle n'est pas enflée.»

François alluma sa lampe électrique et poussa un sifflement.

«Eh bien, tu as un bleu qui couvre toute l'épaule! Il a dû te serrer rudement fort!

— Oui, très fort! soupira le pauvre Mick. Le bilan de notre nuit n'est pas brillant! Nous avons suivi notre hôte! Il ne s'est rien passé! Tout cela est absurde!

— Cela n'a pas d'importance. J'espère seulement qu'aucune lumière, pendant ce temps, ne s'est allumée dans la tour!» conclut François en se glissant dans son lit.

Chapitre 8

L'arrivée des Barnies

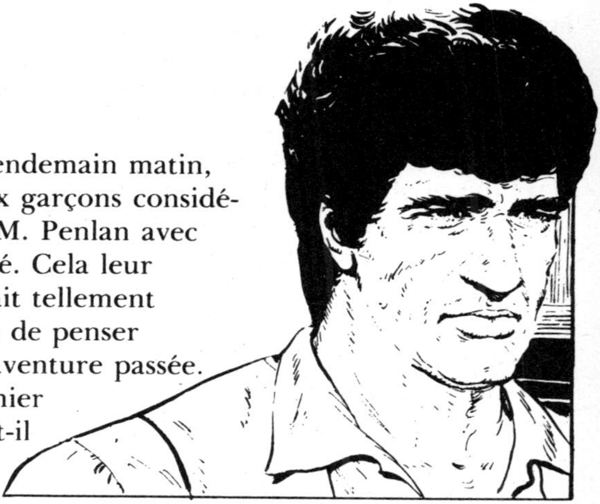

Le lendemain matin, les deux garçons considérèrent M. Penlan avec curiosité. Cela leur paraissait tellement étrange de penser à leur aventure passée. Le fermier les avait-il reconnus cette nuit? Il toussa de la même petite toux sèche que d'habitude, et François fit un clin d'œil à Mick. Mme Penlan, debout devant la table, servait le petit déjeuner.

« Avez-vous bien dormi tous? demanda-t-elle. L'orage ne vous a pas réveillés, n'est-ce pas? »

M. Penlan sortit de la pièce en faisant « Ah Oc Oh! » ou quelque chose qui ressemblait à cela.

« Qu'a-t-il dit ? » demanda Annie pleine d'admiration pour la fermière qui réussissait, non seulement à comprendre son mari, mais à bien s'entendre avec lui.

« Il a dit qu'il ne rentrerait pas pour déjeuner. J'espère qu'il pourra manger un morceau quelque part, car il a pris son petit déjeuner à six heures et demie, le pauvre, et il a passé une si mauvaise nuit, hélas !

— Pourquoi ? Qu'est-il donc arrivé ? demanda François.

— Ah ! il a dû aller s'occuper de Colibri le poulain. Je me suis réveillée quand il est sorti. Heureusement le chien n'a pas aboyé. Je me suis rendormie et quand il est revenu, j'ai regardé ma montre : il avait passé deux heures près du petit cheval malade ; le pauvre homme ! »

François et Mick ne manifestèrent aucune pitié, aucune sympathie. Ils savaient très bien que M. Penlan n'était pas allé à l'écurie. D'ailleurs, Colibri n'était pas malade. Pourquoi tous ces mensonges ? Pourquoi le fermier racontait-il ces histoires à sa femme ? Et qu'avait-il à lui cacher ? François et Mick expliquèrent aux filles ce qui s'était passé durant la nuit, alors qu'ils préparaient le dessert : des fraises, des framboises et des pommes.

Annie et Claude écoutèrent tout étonnées.

« Vous ne nous aviez même pas dit que vous sortiez, dit Claude d'un ton plein de reproches, j'aurais aimé aller avec vous.

— J'ai toujours trouvé, dès le premier instant, que M. Penlan avait un air bizarre et plutôt cynique. Il doit être méchant, commenta Annie. Quel dommage ! Sa femme est si gentille. »

Tandis qu'ils échangeaient ces propos, Annie eut tout à coup la sensation que quelqu'un les écoutait.

C'était Yan naturellement. Il lui sourit et s'approcha d'elle. C'était elle qu'il aimait le mieux. Il vint la main tendue.

« Non, je n'ai pas de bonbons, dit Annie. Comment as-tu passé la nuit ? Tu n'as pas eu trop peur de l'orage ? »

Il secoua la tête, puis s'approcha et murmura :

« J'ai vu la lumière, la nuit dernière.

— Quelle lumière ? Tu ne veux pas dire le phare dans la vieille tour en ruine ? »

Il inclina la tête.

Annie courut vers les garçons, qui étaient sortis maintenant pour ramasser des groseilles, et mangeaient toutes celles qu'ils trouvaient.

« François, Mick ! Yan dit qu'il a vu la lumière la nuit dernière dans la tour. »

Les deux garçons se retournèrent d'un seul mouvement.

« Tu as vu la lumière ?

— Oui, elle était grosse comme une boule de feu.

— Elle brillait à l'intérieur de la tour ?

— Oui.

— Ton grand-père l'a-t-il vue ?

— Oui, il l'a vue lui aussi.

— Racontes-tu la vérité ? » demanda François qui ne savait pas s'il devait croire le gamin.

Yan dit « oui » encore

« Quelle heure était-il ? »

Le petit berger n'avait pas de montre et d'ailleurs s'il en avait possédé une il n'aurait pas su la lire.

« Quel dommage que nous l'ayons ratée. La nuit passée, nous aurions pu la voir.

— François, nous y retournerons cette nuit, le temps est encore mauvais, il y aura peut-être encore un orage. Mais je voudrais bien comprendre ce que l'on peut provoquer par cette lumière. Les navires à l'heure actuelle sont bien équipés et les phares de la côte suffisent à les guider, ils ne font sûrement pas attention à la lampe des pirates. Enfin, nous irons voir.

— J'irai aussi, dit Yan.

— Non, pas toi. Reste avec ton grand-père, il se ferait du souci si tu partais au milieu de la nuit.»

Il commençait à pleuvoir.

«Quel dommage! dit Claude, il faisait si beau. Aujourd'hui on a presque froid. Rentrons, Annie!»

Lorsqu'ils rentrèrent, il pleuvait à verse. Mme Penlan les remercia pour leur travail et leur annonça une bonne nouvelle.

«Les Barnies nous ont demandé la grange pour demain soir, ils vont donner leur première représentation chez nous. Vous m'aiderez à nettoyer et à mettre de l'ordre.

— Avec plaisir, dit François, mais il y a des outils, des caisses, des amas de sacs, allons-nous transporter tout cela ailleurs?

— Oui, bien sûr!»

Les Barnies arrivèrent une demi-heure plus tard afin de préparer le local et ils furent ravis d'avoir l'aide des enfants.

Ils n'étaient plus habillés en costumes étranges mais portaient tous des blue-jeans et des pull-overs. C'était un rude travail que de nettoyer une grange et d'y installer une scène et des décors. François remarqua qu'un des comédiens transportait une tête de cheval. Il l'emmenait partout avec lui, ne la quittant jamais, ce qui était plutôt comique.

«C'est la tête de Clopinant, le cheval qui s'assied et qui croise ses jambes? demanda François.

— Exactement, dit le jeune comédien, j'en suis responsable, je ne dois jamais m'en séparer, ordre du gouverneur.

— Qui est le gouverneur? Est-ce celui-là, là-bas?» Et il désignait un homme au visage triste qui semblait surveiller les travaux.

«Exactement, lui-même. Que pensez-vous de ma tête de cheval?»

François regarda la tête de cheval qui était merveilleusement imitée. Les yeux, aux paupières frangées de longs cils, avaient un regard ironique, la bouche pouvait s'ouvrir et se fermer.

«Je n'actionne que les pattes de derrière, dit le petit homme, avec regret, mais c'est moi qui fais bouger la queue. M. Binet, que vous voyez là-bas, fait marcher les pattes de devant et la tête. Vous verrez Clopinant, il est fantastique! Il n'y a pas un cheval qui puisse

l'égaler dans le monde entier.
— Où sont le dos, les pattes, son corps? dit Mick fasciné par la tête de cheval.
— Dans l'une des malles. Je m'appelle Sid. Et vous? Que faites-vous ici?»

François se présenta, ainsi que son frère, et expliqua qu'ils habitaient la ferme et étaient venus pour aider les comédiens. Il s'empara d'une balle de foin, pensant qu'il était temps de faire quelque chose.

«Vous me donnez un coup de main?» dit-il.

Sid secoua la tête.

«Désolé, mais j'ai l'ordre de ne pas quitter la tête de cheval. Où je vais, elle va. Je peux vous dire que Clopinant et moi, nous sommes très attachés l'un à l'autre.

— Pourquoi? Est-ce que cette tête a tellement de valeur? demanda Mick.

— Clopinant est tellement populaire, dit Sid, vous comprenez! C'est le plus gros succès de notre spectacle. Si la soirée languit un peu, si le public n'est pas très chaud, alors nous sortons Clopinant.»

M. Binet s'approcha. Il était beaucoup plus gros que Sid, et plus fort.

«Alors, on admire le vieux Clopinant? Est-ce que Sid vous a raconté que la tête de Clopinant est tombée une fois par la portière de la roulotte, et nous ne nous en sommes aperçus que quelques kilomètres plus loin! Le gouverneur était dans un état de fureur indescriptible. Il disait qu'on ne pourrait pas donner un spectacle sans le cheval, et parlait de nous licencier de la troupe.

— Nous sommes très importants, n'est-ce pas?» dit Sid relevant la tête et faisant un clin d'œil de complicité au cheval. «Moi et Binet et Clopinant, nous sommes le clou de la soirée.

— Ne pose pas Clopinant par terre, dit Binet, le gouverneur te regarde. Tiens, il t'appelle. »

Sid courut auprès du gouverneur, emportant la tête de cheval sous son bras. Il avait l'air très inquiet.

L'homme au visage sombre dit quelques mots et Sid approuva. Lorsqu'il revint, François lui demanda :

« Laissez-moi voir si c'est lourd ? »

Sid regarda vivement autour de lui, il craignait que le gouverneur ait entendu.

« C'est stupide de me demander cela ! Je vous ai pourtant expliqué que je n'ai pas le droit de m'en séparer, pas même une minute. Le gouverneur vient justement de m'ordonner : "Ne restez pas avec ces gosses, vous savez bien que les gosses aiment faire des farces, ils vous chiperont Clopinant et vous perdrez votre emploi." »

François se mit à rire.

« Ne soyez pas sot ! Vous ne perdriez pas votre travail pour cela. Mais nous avons hâte de vous voir vous et M. Binet. Quand allez-vous commencer à répéter ?

— Oh ! nous avons l'habitude. Si ça vous amuse... Binet, prends les pattes. »

Binet et Sid s'éloignèrent dans la vaste grange et s'habillèrent en cheval. Sid montra aux enfants comment il faisait fonctionner la queue d'une main. Binet se glissa à l'intérieur de la tête et des pattes de devant ; sa tête entrait seulement dans le cou du cheval, pas plus loin ; ses jambes étaient dans les pattes et, avec ses mains, il actionna la bouche et les yeux.

C'était vraiment formidable !

Le cheval était très vivant, très comique, extrêmement souple. Il marchait, dansait, s'asseyait, bref faisait tout ce que voulaient les hommes. Par instants, il s'entortillait si bien les pattes qu'il en demeurait tout surpris et tournait la tête de droite à gauche, comme pour demander l'explication de tous ses malheurs. Les quatre enfants riaient de bon cœur et Yan, debout sur le seuil de la grange, ouvrait des yeux éblouis.

Le ridicule petit cheval Clopinant avait pris maintenant sa queue entre ses dents et tournait sur lui-même. Ensuite, il se tint sur ses pattes de derrière, sauta comme un kangourou, en faisant de drôles de bruits ; la compagnie tout entière l'observait et le gouverneur lui-même se mit à rire. Enfin, Clopinant s'assit par terre dans une pose tout à fait humaine, la tête appuyée sur sa patte de devant, ainsi qu'un homme qui réfléchit, et se mit à bâiller en montrant des dents énormes.

« Je n'en peux plus, s'écria Annie qui avait un fou rire terrible, arrêtez ! J'en pleure ! Je comprends que Clopinant soit le clou du spectacle ! »

La matinée s'écoula dans les rires, les chansons et les farces. Les Barnies avaient plus d'un tour dans leur sac, et Sid, le petit homme, était l'un des plus comiques, lui et la tête de cheval qu'il emportait sous son bras.

Mme Penlan dut appeler plusieurs fois les enfants pour qu'ils viennent déjeuner. Yan courut après François.

« J'ai vu cette lumière, dit-il, je l'ai vue, n'oubliez pas, il faut absolument venir cette nuit. »

François avait oublié l'histoire des pirates dans l'excitation de ce beau matin.

« D'accord, nous irons cette nuit, mais toi, ne viens pas. Tiens, j'ai un bonbon pour toi, et maintenant file ! »

Chapitre 9

La lumière dans la tour

A la fin de la journée, la grange était complètement transformée. Tout avait été déblayé. On avait sorti des vieilles machines agricoles, des sacs de farine et d'engrais; la grange paraissait maintenant immense.

Les Barnies étaient enchantés.

« Nous avons joué plusieurs fois ici, dirent-ils aux enfants. C'est la meilleure grange de la région. Nous n'avons pas un grand public, évidemment, car l'endroit est plutôt solitaire et il n'y a que deux villages aux alentours, mais nous nous amusons beaucoup, et Mme Penlan nous sert, après la soirée, un merveilleux souper.

— Je m'en doute, répondit Mick en riant. Je comprends pourquoi vous choisissez cet endroit depuis que vous avez goûté à la bonne cuisine de Mme Penlan! Je crois que je ferais des kilomètres pour venir manger ici!»

On avait monté une scène sur des tréteaux. Une toile de fond était tendue derrière. Elle représentait un paysage champêtre et avait été peinte, morceau par morceau, par toute la compagnie.

«Voilà mon œuvre, dit Sid en montrant à Mick un cheval debout dans les champs. J'ai fait le portrait du vieux Clopinant.»

Tous les décors, d'ailleurs, étaient l'œuvre de la troupe. Ils changeaient plusieurs fois durant le spectacle. L'un représentait l'intérieur d'une maison, un autre, dont les Barnies étaient très fiers, un château avec une tour.

La tour rappela aux garçons les paroles de Yan. Ils se regardèrent l'un l'autre, ils avaient la même pensée. Ils iraient voir eux-mêmes si le vieux grand-père et Yan disaient vrai. Mais M. Penlan sortirait-il encore cette nuit? Le poulain allait très bien. D'ailleurs avait-il jamais été malade? Il était de nouveau dans les champs. Quel prétexte le fermier trouverait-il encore pour se promener la nuit?

Les deux garçons cherchaient à imaginer ce qui l'attirait dehors. Allait-il à la rencontre de quelqu'un. Sûrement pas du vieux grand-père, en tout cas, car il habitait très loin!

Il y avait là un mystère.

Mme Penlan vint pour voir la grange, maintenant qu'elle était presque prête. Elle s'agitait beaucoup et ses joues étaient rouges. C'était une fête pour elle que d'avoir les Barnies dans sa grange et de savoir que la nuit prochaine les villageois viendraient. Aussi s'affairait-elle dans sa cuisine, épluchant des légumes, préparant des sauces et de la pâtisserie. Le dessus du buffet était déjà plein de plats appétissants : pâtés en croûte, tartes, fromages, jambons.

Les enfants tournaient autour de la fermière, respirant avec délices toutes les bonnes odeurs mêlées.

« Demain, dit-elle, vous m'aiderez à préparer des petits pois, des pommes de terre, des haricots ; vous cueillerez des groseilles et des framboises, vous trouverez des fraises aux alentours.

— D'accord, cela nous amuse beaucoup. Mais vous n'allez pas servir le dîner toute seule ? demanda Annie.

— Oh ! non ! une ou deux villageoises me seconderont », répondit la petite fermière dodue, qui ne semblait jamais aussi contente de vivre que lorsqu'elle se donnait beaucoup de mal pour nourrir les gens. « D'ailleurs, ajouta-t-elle, je serai debout à cinq heures du matin, j'aurai du temps devant moi.

— Il faut vous coucher tôt ce soir... suggéra Claude.

— Nous irons tous dormir de bonne heure, car demain la journée sera fatigante et nous devons être dispos pour la fête. Quant à M. Penlan, il se couche toujours comme les poules. »

Les garçons savaient que le fermier n'avait pas beaucoup dormi la nuit précédente. Ils se sentaient fatigués eux aussi, mais ils étaient décidés à affronter la nuit et l'orage et à grimper jusqu'à la colline du berger pour voir si la lumière s'allumait vraiment.

Le dîner fut comme toujours savoureux ;

M. Penlan mangeait solennellement, sans dire un mot. Enfin, il murmura : «Oh! Oh!»

«Je suis contente que tu aimes ma tarte, dit sa femme. Je ne me rendais pas compte qu'elle serait si bonne, d'ailleurs. Eh bien, tu m'en vois réjouie, monsieur Penlan.»

Annie se demandait si elle l'appelait toujours «M. Penlan» lorsqu'ils étaient seuls. Tout continuait à l'étonner prodigieusement : la ferme, l'ambiance, le fermier géant et la nourriture qu'il absorbait.

M. Penlan leva la tête juste à cet instant et surprit le regard d'Annie. Il lui dit quelque chose qu'elle ne comprit pas; elle demeura embarrassée...

«Monsieur Penlan, dit la fermière, n'intimide pas cette enfant, elle ne sait pas quoi te répondre, n'est-ce pas, Annie?

— Eh bien, pour dire vrai, je n'ai pas très bien compris ce qu'il m'a dit!

— Tu vois, monsieur Penlan, comme tu parles mal quand tu n'as pas ton dentier! gronda la fermière. Je t'ai dit cent fois de le mettre si tu veux avoir une conversation normale. Moi je te comprends, mais pas les autres!»

Les enfants avaient tous levé la tête et considéraient le fermier avec stupéfaction. Comment se débrouillait-il pour avaler tout ce qu'il mangeait sans dents? Il avait l'air de mastiquer, de croquer. Il dévorait!

«Voilà pourquoi il parle si mal, pensa Mick amusé, mais Dieu sait ce qu'il mangerait s'il mettait son dentier!»

Mme Penlan changea de conversation en voyant que son mari était ennuyé.

«Ce cheval Clopinant, quelle merveille! Vous

verrez ça! Vous verrez aussi M. Penlan tomber de sa chaise secoué par le fou rire. Il a vu au moins douze fois le spectacle, mais le cheval l'amuse toujours autant.

— Je comprends cela, dit François. J'aimerais que Sid et M. Binet nous laissent essayer. Ce doit être amusant de manœuvrer ce cheval.»

Le repas s'achevait. La plupart des plats étaient vides et Mme Penlan semblait vraiment heureuse.

«C'est parfait, dit-elle, j'aime quand vous mangez normalement. J'ai horreur qu'on me laisse des restes.

— C'est si bon, dit Claude, n'est-ce pas, Dago? Je suis sûre que Dago resterait bien ici toute sa vie.»

Après la vaisselle, qu'ils firent tous en chœur, les cousins s'assirent pour lire un peu, mais le fermier bâillait tellement que les enfants eurent soudain sommeil.

«Au lit! dit Mme Penlan en riant. Je n'ai jamais entendu autant de bâillements et de soupirs dans ma vie. Pauvre M. Penlan, il a passé une si mauvaise nuit auprès du poulain!»

Les enfants se regardèrent de nouveau avec un air de complicité.

Ils montèrent tous se coucher. François se pencha à la fenêtre. C'était une nuit très sombre, traversée de brusques averses, le vent gémissait, et le jeune garçon avait l'impression d'entendre les hautes vagues se briser contre les falaises.

«Voilà une bonne nuit pour les pirates, s'ils existent encore! Que des bateaux s'approchent de la côte cette nuit et ils se briseront contre les récifs! La plage serait jonchée d'épaves et de butin.

— Attendons un peu avant d'y aller, dit Mick, il est trop tôt.»

Ils allumèrent leur lampe et se mirent à lire. Le vent tournait autour de la ferme et se plaignait comme un être vivant, angoissé et malheureux dans la nuit. Une heure plus tard, les garçons se levèrent.

«Nous pouvons y aller maintenant!»

Ils ne s'étaient pas déshabillés, aussi furent-ils vite dehors. Ils n'avaient fait aucun bruit. En traversant la cour, ils prirent la précaution de regarder la porte de la façade. Elle était fermée; M. Penlan n'était peut-être pas sorti cette nuit...

Ils marchèrent doucement, sans faire craquer de branches, et enfin se retrouvèrent en pleins champs. Ils s'arrêtèrent deux ou trois fois pour vérifier s'ils ne se trompaient pas de chemin. Lorsqu'ils aperçurent un grand troupeau de moutons sagement couchés ils surent qu'ils n'étaient pas loin de la cabane du berger.

«Voilà la cabane, murmura

François. Enfin! Faisons attention maintenant!»

Ils s'approchèrent de la maison de bois. Ils n'entendirent aucun bruit à l'intérieur; ils n'aperçurent aucune lumière. Le vieux grand-père devait dormir. François imagina Yan blotti contre lui dans leur lit fait de vieilles peaux de mouton. Ils s'éloignèrent calmement. Maintenant, il leur fallait trouver l'endroit, l'unique endroit d'où on pouvait voir la vieille tour.

Hélas! leur recherche fut vaine! D'ailleurs, il leur était impossible, dans l'obscurité, de contrôler s'ils étaient bien placés ou non.

«Si la lumière ne s'allume pas, nous ne saurons jamais si nous avions retrouvé le point de repère.»

Ils attendirent un moment, regardant dans la direction où devait être la tour. Ils ne virent rien du tout. Toute cette longue marche avait donc été inutile... Mais soudain, François s'exclama :

«Qui êtes-vous? Je vous vois! Qui est-ce?»

Mick sursauta. Quelqu'un s'était glissé contre eux et une voix timide murmura :

«C'est moi, Yan.

— Encore toi. Tu nous attendais, n'est-ce pas?

— Oui. Venez avec moi.»

Et le petit paysan prit François par le bras. Ils empruntèrent un sentier sur la droite, puis ils grimpèrent un peu sur la colline. Enfin, Yan s'arrêta. Les garçons virent alors la lumière lointaine. Aucun doute : elle brillait comme un phare chaque fois qu'elle s'éclairait, ils voyaient son rayon prolonger la tour.

«On dirait un signal, dit François. Flash! Flash! Flash! Flash! Flash! Qui peut faire cela et *pourquoi*? Il n'y a sûrement pas de pirates aujourd'hui!

— Grand-père dit que c'est son vieux papa.

— Ne sois pas stupide, dit François en riant. Tout est mystérieux, n'est-ce pas, Mick ? Est-ce qu'un navire peut vraiment être attiré par ce signal, dans une nuit aussi dangereuse et par une telle tempête ?

— Nous verrons bien demain dans le journal, s'il y a eu un naufrage, répondit Mick. J'espère que non, je ne peux pas supporter cette pensée. Il n'y a sûrement pas de pirates de nos jours.

— S'il y en a, ils emprunteront le chemin souterrain, dit François, et surveilleront le navire. Ils rempliront leurs sacs de tout ce qu'ils auront pu piller sur les épaves et remonteront sur les collines. »

Mick réprima un frisson d'horreur.

« Tais-toi, François, dit-il, ne parle pas comme cela. Tu me fais peur. Qu'allons-nous faire maintenant que nous avons vu la lumière ?

— Nous explorerons la tour aussitôt que possible, demain peut-être. »

Chapitre 10

Le spectacle va bientôt commencer

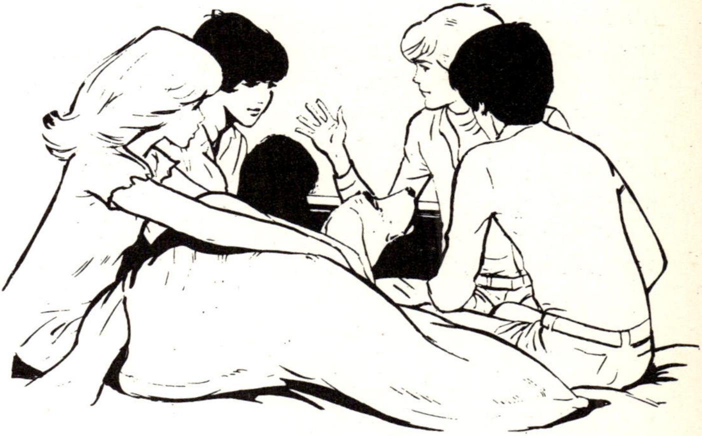

François et Mick regardèrent encore quelque temps la lumière, et puis revinrent vers la ferme. Le vent était si fort et si froid qu'ils frissonnaient dans la nuit d'été.

« Je suis content que tu nous aies retrouvés, Yan, dit Mick en passant son bras autour des épaules du petit berger qui trembla un peu. Merci pour ton aide. Nous voulons explorer la vieille tour. Viendras-tu avec nous ? »

Si Yan tremblait, c'était plus de frayeur que de froid.

« Non, j'ai peur, dit-il. J'ai peur de cette tour maintenant.

— Bon, tu ne viendras pas, cela ne fait rien. Retourne vite chez toi. »

Yan détala dans l'ombre, comme un lièvre. Les garçons revinrent tous deux à la ferme, sans prendre de précautions, car ils se croyaient seuls dehors. Mais lorsqu'ils furent près de la cour, ils s'arrêtèrent soudain.

« Il y a une lumière dans la grange. Non, elle s'est éteinte. Elle se rallume. Quelqu'un passe avec une lampe électrique. Qui est-ce ?

— L'un des Barnies peut-être ! murmura François, allons voir. »

Ils marchèrent sur la pointe des pieds jusqu'à la grange et regardèrent à travers une fente. D'abord ils ne virent rien. Puis une torche s'éclaira dans un angle, là où les Barnies devaient ranger leurs vêtements.

« Oh ! quelqu'un fouille dans les poches des vêtements, dit François indigné. Regarde, un voleur !

— Qui est-ce ? L'un des comédiens ? »

L'espace d'un instant la lumière dessina l'ombre du voleur sur le mur. C'était une ombre géante. Ils virent aussi une main énorme...

« C'est M. Penlan ! chuchota Mick, oui, je le vois maintenant. Que fait-il ? Il doit être fou ! Il se promène la nuit sur les collines, erre dans la grange, il cherche dans les poches ! Regarde ce qu'il fait maintenant : il fouille les costumes de scène. Oui, il est sûrement fou ! »

François se sentait mal à l'aise. Il n'aimait pas épier son hôte. Quel étrange personnage ! Il disait des mensonges tout le jour, et ne dormait pas la nuit. Mme Penlan savait-elle que son mari était si bizarre? Non, sûrement pas! Sinon, elle eût été très malheureuse! Elle semblait si gaie!

«Viens, dit François à l'oreille de Mick. Je me demande ce qu'il s'attend à trouver dans les costumes de théâtre des Barnies. Partons, je ne veux pas le voir voler, ce serait atroce si nous avions à le dénoncer à la police!» Ils arrivèrent devant la porte de la façade et constatèrent qu'elle était fermée, mais non pas à clef. Ils montèrent dans leur chambre excités par tout ce qu'ils avaient découvert. La lumière de la tour, l'homme dans la grange! Autant de mystères!

«Réveillons les filles et racontons-leur, je ne pourrai jamais attendre jusqu'à demain matin.»

Claude était réveillée, Dago aussi. Le chien les avait entendus sortir et attendait leur retour devant la porte des filles. C'est lui qui avait réveillé Claude.

«Annie! Claude! nous avons des nouvelles!» murmura François.

Dago fit un joyeux accueil aux garçons. Et bientôt les filles, assises dans leur lit, en chemise de nuit, écoutèrent le terrible récit.

«Alors le vieux grand-père avait dit la vérité? murmura Annie. François, crois-tu que nous entendrons parler d'un naufrage demain? Quelle horreur!

— C'est affreux! ajouta Claude écoutant le gémissement du vent. Ce doit être épouvantable de sombrer dans la mer par une nuit pareille. Nous devrions aller jusqu'aux falaises pour porter secours aux rescapés.

— Avec cette tempête! dit Mick. Nous ne pourrions même pas approcher de la grève! Les vagues sont tellement puissantes, nous serions emportés.»

Ils parlèrent longtemps. Enfin, Claude bâilla.

«Arrêtons-nous maintenant, dit-elle, sinon nous ne pourrons pas nous réveiller demain matin. D'ailleurs, nous n'irons pas explorer la tour demain, François, car nous avons promis à Mme Penlan de l'aider, c'est le jour des Barnies.

— Nous irons donc après-demain, je suis décidé. Yan a dit qu'il ne nous montrerait pas le chemin, car il a trop peur.

— J'ai très peur moi-même, dit Claude, je me demande ce que j'aurais fait si j'avais vu la lumière cette nuit du haut de la colline!»

Les garçons retournèrent dans leur chambre. Ils s'endormirent très vite. Le vent continuait à gémir dans la triste nuit, mais ils ne l'entendaient pas. La balade dans la campagne sous la pluie les avait fatigués.

Le jour suivant fut un jour tellement fébrile, que les enfants n'eurent même pas le temps de se souvenir des événements de la nuit. Une seule chose leur rappela la réalité : durant le petit déjeuner, Mme Penlan, toujours aussi bavarde, leur demanda :

«Avez-vous bien dormi, malgré ce vent sifflant autour de la maison? Moi j'ai dormi comme un loir. M. Penlan aussi, d'ailleurs, il était si fatigué qu'il m'a dit ne pas avoir bougé de la nuit.»

Les enfants se firent du pied sous la table, mais personne ne dit rien. Ensuite, ils furent tous repris par leur activité : cueillir des fruits, éplucher des légumes, courir çà et là, transporter des caisses, des accessoires, des vêtements pour les comédiens, les aider à installer des chaises et des bancs pour les spectateurs et même recoudre des boutons aux costumes. Annie était débordée.

Yan vint, comme d'habitude, et Dago s'occupa de lui.

Mme Penlan lui fit faire toutes ses courses.

« Il est rapide comme l'éclair, lorsqu'il sait qu'il y a de bonnes choses à manger. »

On entendait la fermière dire : « Yan, va me chercher des œufs au poulailler, Yan, apporte-moi du bois », et cela toute la journée.

Les Barnies travaillèrent dur eux aussi, ils eurent une répétition pendant laquelle tout alla mal. Le gouverneur grondait, se fâchait, trépignait, et Annie se demandait s'ils n'allaient pas tous partir et le laisser là avec son spectacle.

D'abord, il y eut un concert donné par les pierrots ; puis une pièce, mélodramatique, avec des méchants et des bons, des héros et une héroïne qu'on maltraitait, mais tout s'achevait dans la joie, et Annie se sentit soulagée. Clopinant devait donner un exemple de ses talents. Il passait sur la scène entre les pièces et les changements de décor avec des gestes charmants ou comiques, destinés à faire rire le public, et à le faire patienter.

François et Mick regardaient Binet et Sid répéter dans leur coin. C'était fantastique de voir leur habileté : le cheval dansait, trottait, galopait, tombait, se relevait, s'asseyait, dormait, tout cela d'une façon si réelle et si drôle, que l'on se demandait comment deux hommes pouvaient si bien s'entendre sous ce déguisement de cheval.

« Laissez-moi essayer la tête, monsieur Binet, supplia François, simplement pour voir. »

Mais Sid ne voulait pas.

« Les ordres sont les ordres.

— Dormez-vous avec Clopinant, demanda Mick curieux, cela doit être ennuyeux d'avoir la charge de ce cheval tout le temps ?

— On s'y habitue. Oui, je dors avec le vieux Clopinant, nous mettons nos têtes sur l'oreiller ensemble. Il dort si bien, le pauvre.

— La grange va crouler sous les applaudissements, ce soir, lorsque Clopinant paraîtra ! dit François.

— C'est toujours comme cela, ajouta M. Binet. Mais c'est lui le moins bien payé ; quelle honte !

— Oui, nous comptons pour un seul comédien, Binet et moi, ce n'est pas drôle, nous avons un tout

petit salaire, mais vous voyez, nous aimons la vie!»

Et ils s'en allèrent ensemble, Sid portant la tête de cheval comme d'habitude sous son bras.

«Drôle de petit bonhomme!» pensa François.

A l'heure du dîner, François eut un brusque souvenir.

«Madame Penlan, demanda-t-il, je suppose que ce terrible vent n'a causé aucun naufrage cette nuit?»

La fermière le regarda avec stupeur.

«Sûrement pas, François. Les bateaux n'approchent pas de cette côte; les phares les avertissent de loin. L'endroit est hérissé de récifs, les navires restent au large; quant aux pêcheurs, ils connaissent la mer!»

Ils poussèrent tous un soupir de soulagement, et le souper se passa sans incident. M. Penlan était là, mangeant beaucoup et ne disant rien. Ses mâchoires broyaient la nourriture, et personne n'aurait pu penser qu'il n'avait pas de dents. François regardait ses mains sombres et poilues. Il avait vu ces mains-là cette nuit, il n'y avait aucun doute, fouillant dans les poches des comédiens.

Enfin, la soirée vint, tout était prêt, on avait placé une énorme table au milieu de la cuisine. Pour la recouvrir, Mme Penlan donna aux deux filles une immense nappe. Elles n'en avaient jamais vu d'aussi grande.

«C'est celle dont je me sers l'été au moment de la moisson. Nous avons un repas magnifique ici, au mois d'août, et quand nous avons fini de dîner, nous dansons.

— Ce doit être merveilleux, dit Annie. Je crois que la vie à la campagne est bien agréable.

— Les gens de la ville ne disent pas ça. Ils

pensent que la campagne est un endroit mort et sans distractions. Mais moi, j'ai toujours pensé que la vie dans une ferme était la seule amusante.

— C'est vrai, dirent Annie et Claude.

— Cette nappe est très belle, n'est-ce pas? dit Mme Penlan. Elle a appartenu à mon arrière-arrière-grand-mère, elle a presque deux cents ans, elle est toujours aussi blanche! Elle en a vu, des repas de moisson!»

On mit ensuite les assiettes, les couteaux, les cuillers, les fourchettes et les verres. Tous les Barnies avaient été invités et les enfants aussi. Deux autres fermières resteraient pour aider. Quelle fête en perspective!

L'arrière-cuisine était tellement pleine que c'était difficile d'y pénétrer : pâtés de viande, jambons, langues de bœuf, légumes, tartes aux fraises, confitures, flans, pots de crème, bouteilles de cidre, Mme Penlan avait fait presque tout, à elle seule. Elle rit lorsqu'elle vit les enfants ouvrir de grands yeux devant tant de splendeurs.

«Vous ne mangerez rien jusqu'au dîner, dit-elle, pas de goûter aujourd'hui, car je veux que vous ayez bon appétit ce soir.»

Plus l'heure du spectacle approchait et plus l'excitation des enfants était grande.

«Voilà les premiers villageois! s'écria François, qui se tenait à la porte de la ferme pour aider à vendre les billets. Hurrah! Le spectacle va bientôt commencer. Entrez! Entrez tous! Vous verrez le plus extraordinaire spectacle du monde.»

Chapitre 11

Les Barnies et Clopinant

Lorsque la grange fut pleine de spectateurs, et que les enfants se furent tous installés au premier rang, le bruit devint terrible. Les rires, les rumeurs de voix, les applaudissements, les trépignements, les cris des enfants, impatients de voir commencer le spectacle, se mêlaient aux jappements des chiens excités. Bref, on ne s'entendait plus.

Dago accueillait les invités en bon maître de maison, en aboyant vigoureusement. Yan ne quittait pas le jeune chien, et Claude était presque sûre que le gamin se croyait le propriétaire. Yan avait l'air plus propre que d'habitude. Mme Penlan avait réussi à lui donner un bain.

« Tu n'iras pas au spectacle et tu ne viendras pas au dîner si tu ne te baignes pas », avait-elle dit.

Il avait grogné : l'eau lui faisait peur, il avait horreur du savon et, en regardant la baignoire, il gémissait :

« Je vais me noyer là-dedans.

— Froussard! avait répondu Mme Penlan le poussant dans l'eau tout habillé.

— Maintenant, enlève tes vêtements, et je les laverai pendant que tu te savonnes, sale petit bonhomme que tu es. »

Yan avait fini par se rendre. N'était-il pas à sa merci? Elle en avait profité pour laver toutes ses affaires, les faire sécher, les repasser.

« Un jour, je t'offrirai des vêtements plus convenables. Tu ressembles à un vagabond. »

Elle l'avait considéré avec tristesse.

« Seigneur, que tu es maigre! J'aurais bien besoin de te nourrir un peu. »

Cette dernière phrase lui avait valu de nouveau l'amitié du petit garçon. Ce genre de traitement lui plaisait! Il voulait bien qu'elle le nourrisse!

Maintenant, il était debout à la porte de la grange, accueillant tous les villageois d'un air important. Il fut au comble du bonheur lorsqu'il vit arriver son vieux grand-père.

« Grand-papa! tu avais dit que tu viendrais, et je n'avais pas osé le croire. Entre! Je vais te trouver une chaise.

— Et toi, que t'est-il arrivé? demanda le grand-père étonné.

— J'ai pris un bain. Cela se voit? répondit Yan avec fierté. Oui, grand-père, j'ai pris un bain. Tu devrais en faire autant. »

Le grand-père haussa les épaules et alla dire

bonjour à ses amis. Il portait avec lui sa houlette de berger et ne la posa pas, même lorsqu'il s'assit.

«Eh bien, grand-père! cela fait au moins vingt ans que l'on ne vous a pas vu ici, en bas, dit un villageois à la face rouge. Qu'avez-vous fait durant tout ce temps?

— Je me suis occupé de mes affaires et de mon troupeau. Et il se passera peut-être encore vingt ans avant que tu ne me revoies, mon vieux Georges; si tu veux savoir la vérité : ce n'est pas pour le spectacle que je suis descendu à Trémanoir, mais pour le souper.»

Tout le monde rit autour d'eux. Yan regardait fièrement son grand-père.

«Chut! chut! le spectacle commence», dit quelqu'un tandis que le rideau se levait doucement.

Enfin, les bavardages cessèrent; tous les regards se tournèrent vers la scène. Un rideau bleu s'écartait lentement; de temps en temps, un anneau accrochait sur sa tringle, les gens attendaient avec impatience que le décor apparût. Tous les villageois avaient déjà vu les Barnies, mais c'était un plaisir de les retrouver.

Les comédiens étaient tous debout sur la scène. Et bientôt une chanson s'éleva de leur bouche, chanson à laquelle tous les villageois s'unirent en chœur. Le vieux grand-père chantonnait aussi, marquant la mesure du bout de sa houlette.

On applaudissait les Barnies avec entrain. Pourtant, bientôt quelqu'un dans l'assistance demanda à voix haute :

«Mais où est le vieux Clopinant?»

C'est alors que la tête de Clopinant surgit dans un coin du décor, puis disparut, revint un peu plus près de l'avant-scène, et le cheval apparut tout entier. Il était timide, il roulait de gros yeux apeurés, et, tournant la tête, à droite, à gauche, contemplait les spectateurs avec curiosité.

La musique reprit, Clopinant marchait en cadence. Lorsque le tempo s'accéléra, il trotta, puis galopa et s'écroula soudain au bord de la scène, ses deux pattes de devant pendantes dans le vide.

« Oh ! Oh ! Oh ! » grogna quelqu'un.

Tout le monde se retourna.

M. Penlan riait !

En entendant le curieux fou rire du fermier, Clopinant se releva, passa une patte derrière son oreille comme pour mieux entendre. Grand-père était lui aussi secoué par le rire.

Tout cela était si drôle que les villageois en pleuraient, et l'on se demandait si le toit et les murs de la grange n'allaient pas crouler !

« Dehors, Clopinant ! » dit une voix dure, qui semblait venir du côté droit de la scène. François regarda et vit que c'était le gouverneur qui venait de donner un ordre. Son visage était toujours aussi dur et aussi sérieux même après les clowneries du cheval. Celui-ci obéit et s'en alla.

Le spectacle fut un grand succès. Les plaisanteries, les tours de prestidigitation étaient vieux et connus, mais ils faisaient toujours rire. Quant à la partie chantée, les petites filles d'un pensionnat l'eussent accomplie avec plus de charme, mais le public battait des mains, battait des pieds, riait, s'amusait follement ! Mais c'était surtout Clopinant qui remportait tous les triomphes. Chaque fois que la tête du cheval apparaissait entre les rideaux, gosses et grandes personnes retenaient leur souffle et, penchés en avant, attendaient avec une curiosité fébrile que le cheval vienne danser ou faire sur la scène quelques acrobaties.

François. et Mick étaient fascinés. Ils savaient

tous deux comment Binet et Sid faisaient fonctionner l'étrange animal.

« Ils sont formidables ! dit Mick.

— J'aimerais essayer d'en faire autant. Nous pourrions monter un numéro pour la veillée de Noël au collège. Demandons à Sid demain de nous apprendre.

— Il ne voudra jamais à cause de la tête.

— Ce gouverneur est vraiment bizarre. Il a de drôles d'idées. »

La mélancolie envahit tous les cœurs lorsque le rideau tomba. Le spectacle était fini. On fit les ovations aux comédiens.

« Hip hip hurrah ! pour les Barnies ! » criait un gosse.

Le rideau se releva dans un frémissement de toile. Les comédiens saluèrent en souriant.

Le grand-père passait une soirée délicieuse. Lui aussi faisait des farces ! Avec sa houlette, il accrocha un fermier par le cou.

« Alors, grand-père, on veut se battre avec moi ? »

Il ne s'était pas tant amusé depuis au moins quarante ans, peut-être cinquante. Il attendait le dîner avec impatience ; enfin, le moment vint. Il allait montrer aux gosses comment on mangeait de son temps.

Les villageois retournèrent chez eux, bavardant et riant. Trois femmes restèrent pour aider Mme Penlan. Les Barnies vinrent dans la cuisine dans leur tenue de comédiens. Leur maquillage fondait à la chaleur, et ils avaient vraiment des visages cocasses.

Les enfants avaient tellement ri qu'ils étaient brisés de fatigue, mais ils avaient faim ! Autour de la vaste table de bois, le silence succéda aux plaisanteries et aux compliments d'usage. Mme Penlan traitait ses hôtes comme les enfants d'une école dont elle eût été la maîtresse. François cherchait des yeux le gouverneur. Lui, toujours si sombre, allait-il enfin sourire dans cette chaleureuse atmosphère? Il n'était pas là.

«Où est le gouverneur? demanda-t-il à Sid qui était près de lui.

— Il doit être assis tout seul dans la grange, dit-il en mangeant une énorme tranche de pâté. Il ne dîne jamais avec nous, même après un spectacle. On a dû lui apporter un grand plateau chargé de mets. Moi, il ne me manque pas; je ne suis jamais à l'aise avec le gouverneur.

— Où est Clopinant? Où est sa tête? demanda François, qui ne la voyait pas auprès de Sid. Sous la table?

— Non, le gouverneur l'a gardée cette nuit. Il a dit que, sous la table, elle aurait reçu des coups de pied; elle aurait pu être abîmée. Pauvre Clopinant! Oh! Mme Penlan est vraiment merveilleuse! Je regrette de ne pas avoir épousé une femme comme elle au lieu de devenir de plus en plus maigre à l'intérieur des jambes du cheval!»

François riait. Il voyait Mme Penlan préparer un plateau. Etait-ce celui du gouverneur? Qui irait le lui porter?

«Est-ce pour le gouverneur, madame? puis-je m'en charger à votre place?

«Merci, François, c'est une bonne idée. Demande à Mick de t'accompagner pour porter la bouteille de vin et le verre.»

François et Mick se rendirent tous les deux dans la grange. Il faisait très sombre. Le vent soufflait fort, et la pluie commençait à tomber, faisant monter de la terre une bonne odeur.

La grange était vide.

« Il n'y a personne », dit François. Il posa le plateau sur un banc et, s'approchant du rideau qui fermait la scène, aperçut un petit papier épinglé sur lequel quelques mots étaient écrits :

« Je serai de retour dans une heure, je suis parti faire une promenade. – Le gouverneur. »

« Laissons le plateau, alors. »

Les deux garçons eurent la même pensée au même moment. Ils venaient d'apercevoir, abandonnés dans un coin, le corps et les jambes de Clopinant.

« Ils sont tous en train de dîner, le gouverneur est parti pour une heure, personne ne saura si nous avons essayé de faire marcher Clopinant.

— D'accord.

— Vite ! glisse-toi dans les jambes de derrière, je me mets dans celles de devant. »

Ils entrèrent dans les pattes du cheval, mais cela n'allait pas très bien sans la tête.

« Le gouverneur n'a pas dû emmener la tête de Clopinant avec lui alors qu'elle était en sûreté dans la grange ! Cherchons-la.

— Elle est là sur cette chaise. »

Ils galopèrent. François attrapa la tête, qui lui parut beaucoup plus lourde que ce qu'il avait imaginé. Il regarda à l'intérieur : c'était très profond, et il se demanda comment faire marcher la bouche et les yeux.

Sa main rencontra une sorte de poche dans le cou du cheval ; des cigarettes en sortirent.

« Oh ! dit-il, je ne savais pas que Binet cachait ses cigarettes dans le cou de Clopinant ! »

Enfin, le plus soigneusement du monde, il plaça sa tête à l'intérieur du masque.

« Il y a des trous pour les yeux ! dit-il à Mick, ce qui explique comment Binet pouvait si bien se diriger. Maintenant, je suis prêt, je vais compter : un deux, un deux, et nous marcherons en cadence. Est-ce que ma voix rend un son bizarre ?

— Très bizarre. »

Mick était plié en deux, son dos reconstituait le dos du cheval et ses bras étaient noués autour de la taille de François.

« Est-ce bien comme ça ?

— Je crois. Oh ! attention ! Quelqu'un arrive, c'est le gouverneur qui revient. Vite, galopons ! Sortons de la grange avant qu'il ne nous attrape. »

Et c'est ainsi que Clopinant s'échappa dans un bruyant galop hors de la grange silencieuse.

« Je ne vois rien, gémissait le pauvre François. Où suis-je ? Oh ! mon Dieu ! nous sommes dans une étable vide. Sors de la carcasse du cheval et enlève-moi cette tête ! La fermeture est si serrée, je ne peux plus la défaire ! »

Mais hélas ! ils étaient emprisonnés dans ce déguisement de cheval et ne savaient plus comment s'en dépêtrer. Allaient-ils être obligés de jouer le rôle de Clopinant jusqu'à la fin de leurs jours ?

Chapitre 12

Vers la tour

« J'étouffe ! gémissait François désespéré, il faut absolument faire quelque chose.

— Nous aurions pu regarder auparavant. Je ne savais pas que ce costume avait une fermeture automatique. Qu'allons-nous faire ?

— J'ai tellement chaud ! Je ne peux plus respirer.

— Nous sommes des ânes de nous être laissé prendre à ce piège. »

Malgré sa frayeur, François ne put s'empêcher de rire.

« Dis plutôt que nous sommes un cheval ! Allons vers la cuisine, quelqu'un nous aidera à sortir de là !

— Ce n'est pas si facile que cela en a l'air de faire marcher cet animal. Si, au moins, je pouvais mettre les trous en face de mes yeux! dit François, je suis aveugle!»

Enfin, il y arriva; prudemment, à pas lents, ils s'approchèrent de la cuisine. Ils ne savaient pas comment attirer l'attention sur eux et, avisant une grande fenêtre ouverte, François décida de se faire remarquer par Annie ou Claude. Mais personne ne regardait du côté de la fenêtre. Pourtant, au bout d'un moment, quelqu'un s'écria :

«Un cheval! monsieur Penlan, l'un de vos chevaux s'est échappé!»

Le fermier sortit. Devant lui, le cheval s'enfuyait au petit trot. François et Mick avaient peur du géant! Les pattes de devant et les pattes de derrière ne galopaient pas au même rythme; c'était une catastrophe! Dans l'obscurité, M. Penlan maîtrisa le cheval et fut bien étonné d'entendre une voix humaine s'écrier :

«Poussez votre genou, il me défonce la mâchoire.»

Il réalisa alors qu'il s'agissait de Clopinant.

«Je vous en supplie, dit Mick, sortez-nous de là, défaites la fermeture, nous suffoquons.»

Le fermier éclata de rire. Puis défit le fermoir. Les garçons, dépouillés du corps de Clopinant, émergèrent au grand air. Ils avalèrent une grande rasade de vent frais, ils avaient bien cru mourir asphyxiés!

«Merci, monsieur Penlan. Nous voulions simplement essayer de faire marcher le cheval.»

M. Penlan retourna dîner. Les gamins confus ramenèrent le cheval dans la grange. Ils avaient un peu peur du gouverneur. Il était là; grognant et tempêtant tout seul, cherchant Clopinant partout. François attendit qu'il fût au fond de la grange et alors, d'un geste rapide, il lança les pattes et la tête du cheval à l'intérieur, puis se sauva en courant.

Les deux garçons étaient assis maintenant avec des airs d'archange sur un banc de la cuisine. Ils semblaient n'avoir pas bougé de leur place. Il y avait tellement de monde qu'on ne s'était peut-être pas aperçu de leur absence. Mais Claude s'approcha d'eux.

« Où êtes-vous allés ? Vous ne voulez pas manger un peu, tant qu'il reste encore quelque chose ?

— Oui, volontiers. On te racontera tout après. »

M. Penlan leva la tête vers eux et, les montrant de la pointe de son couteau :

« Oh ! Oh ! Oh ! commença-t-il dans un fou rire.

— Ah ! ils ont été t'aider à attraper le cheval ? demanda Mme Penlan. Quel cheval était-ce ?

— Clopinant ! » dit-il dans un grognement mêlé de rire.

Personne, excepté Claude et Annie, ne comprit ce qu'il voulait dire !

C'était une soirée merveilleuse et ce fut bien triste de la voir s'achever. Les villageoises et les deux filles lavèrent la vaisselle, les Barnies donnaient un coup de main. Tout le monde était de bonne humeur, puis l'on rangea la cuisine, et les amis se séparèrent. Les Barnies allèrent se coucher, le vieux grand-père entraîna Yan vers les troupeaux en disant qu'il avait trop mangé et ne pourrait jamais dormir. Mme Penlan ferma les volets et la porte de la cuisine. Elle semblait fatiguée, mais heureuse. Il n'y avait rien qu'elle aimât tant que de passer des heures à préparer de petits plats et de voir ses invités les dévorer en quelques instants. Les enfants la trouvaient formidable.

Ils furent bientôt tous couchés. Ils s'endormirent

aussitôt. Les Penlan en firent autant. Seul le chat de la cuisine demeura éveillé surveillant l'arrivée des souris.

Le jour suivant fut un jour de beau temps clair et tiède, mais une petite brise marine soufflait par instants, apportant une odeur d'iode et de varech.

« Je serai très occupée aujourd'hui, dit Mme Penlan, car il faut que je remette tout en ordre. J'ai envie de vous donner un pique-nique, vous pourriez passer toute la journée dehors. »

C'était une excellente idée. François avait déjà projeté l'exploration de la vieille tour. C'était tout à fait le jour pour mettre ce plan à exécution. Mme Penlan leur prépara « juste un petit pique-nique », c'est-à-dire un repas pour douze! Ils partirent avec Dago. Les quatre chiens de la ferme les escortèrent un temps, mais Dago leur fit vite comprendre que lui seul avait la charge d'accompagner les enfants. Il leur dit dans son langage de chien : « J'emmène les enfants en promenade, je n'ai pas le temps de jouer avec vous. »

« Si Yan vient, le garderons-nous avec nous? » demanda Claude.

François réfléchit :

« Non, j'aimerais mieux que nous fussions seuls. Nous allons peut-être découvrir quelque chose qu'il ne souhaite pas nous révéler. »

Mais Yan s'approcha, silencieusement... Personne ne se serait aperçu de sa présence si Dagobert n'avait pas abandonné Claude pour lui faire fête.

« François! le voilà! s'écria la petite fille déçue. Il est encore là!

— Bonjour, Yan, dit François. Nous ne t'emmenons pas aujourd'hui, nous voulons être seuls.

« Je viens avec vous. »

Il était encore propre!

« Non, tu ne viens pas, tu as compris? Nous ne voulons pas de toi aujourd'hui. »

Sa petite figure grimaça, il était au bord des larmes. Il se retourna vers Annie.

« Je viens aussi? » lui demanda-t-il, tout bas...

Annie secoua la tête.

« Non, pas aujourd'hui, un autre jour, prends ce bonbon et va-t'en, tu seras gentil. »

Yan prit le bonbon et s'en alla tristement. Il disparut dans les champs aussi vite qu'il était venu.

Les quatre enfants marchaient vers la mer, ils étaient contents d'avoir mis un chandail, car le vent maintenant soufflait, et il ne faisait pas très chaud. Plus on approchait de la mer et plus la brise était fraîche.

« Je serai vraiment content quand nous aurons déjeuné, car ce sac de provisions est très lourd.

— Allons jusqu'à la tour, dit Mick, nous poserons le sac; nous explorerons un peu, cela nous mettra en appétit. Je crois que Mme Penlan a dû nous mettre de quoi déjeuner, goûter et dîner.

— J'espère que nous sommes dans la bonne direction. »

François se servait de sa boussole et choisissait de temps en temps des raccourcis; il semblait très sûr de lui. Mais les filles étaient plus inquiètes.

« De toute façon, dit Mick, nous approchons de la côte.

— Voici les deux collines, je les reconnais, dit Annie, c'est entre ces deux-là que l'on voit la maison en ruine et la tour.

— Je crois.

— Je me demande comment les gens qui habitaient cette demeure jadis s'y rendaient; il n'y a aucune route.»

Ils traversaient maintenant un vaste champ d'herbes folles et de buissons. Ils s'engouffrèrent entre des haies sombres.

«Nous sommes dans un tunnel de verdure», dit Annie.

Lorsqu'ils en sortirent, ils découvrirent un petit sentier escarpé, très raide, qui descendait entre les falaises jusqu'à la maison en ruine et la tour. Celle-ci, construite sur un rocher, dominait la mer. La marée était basse... La bande de terre qui séparait la côte du récif était étroite et dégagée.

«Nous voilà arrivés!»

Ils s'arrêtèrent. Avec un respect mêlé d'effroi, ils contemplaient la tour des pirates; tant de noyés avaient dû être rejetés là par la mer, dans l'épouvante d'un naufrage.

«La tour tombe en ruine», dit Mick.

En effet, de grandes crevasses noires dessinaient dans les murailles des sortes de griffes; les murs de la maison étaient lézardés.

«Allons à la découverte!»

La tour ne paraissait pas aussi effrayante de près que de loin. Lorsqu'ils l'avaient vue dans la terrible nuit d'orage, elle avait un aspect légendaire et tragique, mais aujourd'hui ce n'était qu'un amas de pierres abandonnées, une pauvre vieille ruine que le vent et la tempête avaient meurtrie. Le sentier s'arrêtait là.

Les enfants se frayèrent un chemin à travers les ronces et les herbes folles.

«Personne n'a dû venir ici depuis des années, dit François, et d'ailleurs on aurait du mal à couper ces ronces et à trouver un sentier dans une telle végétation.»

Ils arrivèrent enfin près de la maison ; attenante au donjon elle aussi était abandonnée et triste. Mais un rosier grimpant épanouissait des gerbes de roses blanches le long des murs comme pour cacher sa misère. Tout cela avait un aspect romantique assez touchant. Seule la tour gardait sa puissance. François monta les escaliers d'un vieux perron et entra à l'intérieur de la maison ; les herbes avaient poussé entre les dalles.

« Il y a un escalier de pierre qui monte à la tour, cria-t-il, et... oh ! venez voir ! »

Les autres s'approchèrent.

« Que voyez-vous sur chaque marche ?

— De l'huile, dit Claude, quelqu'un a transporté de l'huile dans un bidon ou une lampe et en a renversé. François, nous ferions mieux d'être prudents, il y a peut-être encore quelqu'un ici. »

Chapitre 13

Dans la tour des pirates

Mick et Annie s'approchèrent eux aussi de l'escalier.

« De l'huile! La lampe allumée dans la tour était une lampe à huile probablement! Mais qui la remplissait?

— Montons, dit François, je passe le premier. Faites attention, car tout est en ruine!»

La tour se dressait à côté de la maison; ses murs étaient très épais. Un escalier de pierre montait en spirale jusqu'à son sommet.

« Du haut de la tour, les guetteurs regardaient la mer?...

— Et ils attendaient les navires... continua Claude. Oh! Dagobert, je t'en prie, ne me pousse pas comme ça, tu vas finir par me faire tomber. »

François était arrivé le premier au sommet de la tour; il contempla la vue tout autour. La mer s'étendait à l'infini, bleue et miroitante. Près de la côte, les vagues se brisaient avec des jaillissements d'écume plus blancs que la neige. Claude arriva derrière son cousin et regarda, éblouie elle aussi. C'était un enchantement que le ciel brillant, l'océan étincelant et les remous dansants de l'eau ; des mouettes tournaient et planaient dans le ciel ; un vent léger soufflait, ajoutant sa chanson au rythme des flots.

Lorsque Mick approcha, François lui conseilla d'être prudent, les murs n'étaient pas solides, il était dangereux de se pencher. Des pierres et des briques étaient tombées çà et là, laissant des trous dans le mur, au sommet de la tour. Lorsque Annie vint, François la prit par le bras, effrayé à l'idée qu'elle pourrait tomber. Claude, de son côté, maîtrisait l'impétueux Dago.

« Vous voyez, dit Mick, c'est un endroit formidable pour faire des signaux lumineux. On ne peut rien voir de la côte. Au contraire, les bateaux doivent apercevoir la clarté de très loin et, lorsque la tempête fait rage, ils sont sans doute reconnaissants à ce phare !

— Un phare qui les conduit sur les récifs que vous voyez, aigus, énormes, implacables. Regardez cette caverne là-bas, tout près des deux rochers jumeaux, c'est bien celle où nous étions l'autre jour ?

— Je crois, dit Mick, mais toutes ces grottes se ressemblent !

— Comment les pirates venaient-ils ici ? Il doit y avoir un chemin quelque part ?

— Le fameux chemin des pirates, dont parlait Yan !

— Je ne sais pas. »

François réfléchissait.

« Je suppose que le chemin emprunté par les pirates devait partir de l'intérieur des terres non loin des habitations et conduire directement à la tour par une voie souterraine ; j'imagine tellement bien la scène. Les gens de cette maison regardant les navires se briser sous leurs yeux, dans la pâle clarté de la lune... »

Il y eut un silence. Les quatre enfants reconstituaient le drame, en pensée...

Lorsque le bateau s'était fracassé contre les rochers, les pirates chargés de donner le signal dans la tour usaient d'un code secret ; ils communiquaient avec un veilleur qui attendait debout dans les collines. Selon le code il était dit : « Bateau naufragé, prévenir les autres. »

« C'est atroce ! s'écria Annie, je ne peux pas le croire !

— Il est difficile d'imaginer que quelqu'un puisse avoir le cœur aussi dur, dit François, mais je crois que c'est ainsi que tout se passait. Je vois encore les habitants de la maison se rendre d'ici jusqu'aux grottes et attendre leurs amis qui viennent par un autre chemin : le chemin des pirates.

— Il y a sûrement un passage secret, dit Mick, qui ne devait être connu que par ceux des villageois qui participaient aux actes de piraterie. En effet, ils bravaient la loi, c'est pourquoi le vieux grand-père a dit : "Celui qui connaissait le secret ne le révélait pas aux autres."

— Le père du berger habitait probablement dans cette maison ; c'est lui qui allumait la lanterne dans la tour.

— Yan pense que c'est le père du vieux berger qui continue à allumer la lampe ! Moi je crois que quelqu'un vient parfois ici...

— N'oublions pas que ce quelqu'un peut encore être ici, à l'instant même, dit François en baissant soudain la voix...

— C'est vrai, dit Mick, regardant tout autour de lui comme s'il s'attendait à découvrir un espion. Mais je me demande où il cache sa lampe, je ne la vois pas.

— Les taches d'huile sont sur presque toutes les marches de pierre. Je l'ai remarqué en montant, ce doit être une grosse lampe qui donne un éclat puissant.

— Regardez, c'est là qu'il doit la poser, sur ce coin de mur, il y a encore des taches, grasses. »

Mick se pencha :

« Paraffine... » dit-il.

Claude regardait de l'autre côté de la tour. Soudain, elle appela les autres. « Regardez. Il y a une tache ici aussi, dit-elle, je sais ce que cela veut dire : une fois que le bateau était dévié de sa route et allait se fracasser,

l'homme apportait sa lampe de l'autre côté de la tour, pour signaler sa prise au guetteur des collines.

— C'est ça, dit Annie, mais qui est-ce donc? Je suis sûre que personne n'habite ici, dans ces ruines! Quelqu'un connaît sûrement le chemin et vient de temps en temps. »

Il y eut un silence. Mick regardait François. Ils avaient la même pensée. N'avaient-ils pas vu un homme sortir la nuit malgré la tempête et cela par deux fois?

« Penses-tu que cela puisse être M. Penlan? demanda Mick. La première fois que nous l'avons suivi durant l'orage, nous ne savions pas pourquoi il se promenait dans la campagne. Peut-être allait-il allumer cette lumière?

— Non, ce n'est pas lui qui donne le signal; il joue plutôt le rôle de guetteur des collines, répondit François, voilà pourquoi il sort la nuit, par mauvais temps; il doit voir si un signal apparaît au sommet de la tour. »

Aucun d'entre eux n'aimait cette idée, qui les rendait mélancoliques.

« Nous savons qu'il ment! Nous savons qu'il fouille les poches des gens! Nous l'avons vu, donc c'est sûrement lui!

— Que fait-il après tout cela? demanda Annie.

— De la contrebande, dit François, probablement par canots automobiles. Les contrebandiers doivent choisir une nuit d'orage pour être sûrs de n'être ni vus ni entendus. Ils attendent en mer que le signal lumineux se soit allumé dans la tour, puis ils s'approchent des grottes.

— Ah! je comprends! Le chemin des pirates doit être utilisé par quelqu'un qui descend en secret jusqu'aux grottes et y recueille les marchandises de contrebande. Lorsque les paquets sont lourds, ils viennent à plusieurs! Je suis sûr que cette fois nous sommes sur la piste.

— Le guetteur des collines signale aux autres que l'opération est faite, et ils viennent en bande jusqu'ici, c'est très ingénieux! Personne ne voit la lumière de la terre, excepté le guetteur.

— Quelle affaire passionnante! Mais moi, je suis presque sûr, dit Mick, que l'homme qui allume la lumière ne vient pas par le chemin que nous avons emprunté, car la végétation était absolument vierge; depuis longtemps, personne ne doit plus y venir. Aucune trace de pas...

— ... pas d'herbes écrasées, ni de branches cassées! Il doit y avoir un passage à l'intérieur de la maison et un souterrain, suggéra Annie.

— Sûrement! Nous avions déjà pensé que l'homme qui allume la lumière se rend directement d'ici jusqu'aux grottes; nous sommes stupides, c'est évidemment par *là* qu'il entre dans la maison. »

Où était le souterrain? Sûrement pas dans la tour qui ne comportait qu'un escalier.

« Descendons. »

Annie commença à montrer le chemin. Mais elle s'arrêta soudain...

« Avance ! » dit Claude.

Annie se retourna, une expression d'inquiétude sur le visage.

« J'ai entendu un bruit en bas », murmura-t-elle.

Claude avisa François :

« Annie dit qu'il y a quelqu'un en bas, chuchota-t-elle.

— Remonte, Annie. »

Elle obéit, un peu effrayée.

« C'est peut-être l'homme à la lampe, fais attention, François, il n'est sûrement pas gentil.

— Gentil ? C'est sûrement une brute, dit Claude, Est-ce que tu vas descendre, François ?

— Que faire d'autre ? Nous ne pouvons pas rester toute la journée dans la tour en espérant que l'inconnu s'en aille. Quelle sorte de bruit as-tu entendu, Annie ?

— Oh ! je ne sais pas le définir. C'était peut-être un rat bien sûr, ou un lièvre, ou quelqu'un.

— Asseyons-nous un petit moment et attendons, proposa Mick, écoutons de toutes nos oreilles. »

Ils s'assirent en silence. Claude tenait toujours Dago. Ils écoutèrent, ils entendirent le vent soufflant autour de la vieille tour, les mouettes s'appelant entre elles ; ils entendirent le sifflement de la brise dans les hautes herbes au pied des murs, mais rien ne venait de la cuisine située au bas de la tour.

« C'était sans doute un lièvre, Annie.

— Peut-être. On descend ?

— Oui. Passe le premier, avec Dagobert. Si quelqu'un nous attend en bas, le chien lui fera peur à moins que ce ne soit Dago qui ait peur lui-même. »

Et soudain un bruit leur parvint distinctement : c'était, comme Annie l'avait dit, une sorte de froissement ; puis le silence revint.

« Allons voir ! »

Résolument, François descendit l'escalier. Les autres l'attendirent, ils n'osaient plus respirer. Dago précédait son maître ; il n'avait pas eu l'air inquiet. Aussi n'était-ce peut-être qu'un rat après tout.

Le garçon ralentit sa marche. Qu'allait-il trouver ? Un ennemi ou un ami ? Prudent, soucieux, il retardait l'instant d'entrer dans la cuisine où peut-être quelqu'un l'attendait immobile dans l'ombre.

Chapitre 14

Le passage secret

François s'arrêta sur la dernière marche de l'escalier et écouta : aucun bruit...

« Qui est là ? demanda-t-il. Je sais qu'il y a quelqu'un ! Je vous entends. »

Toujours aucun bruit. La cuisine, envahie par les herbes, le lierre et les rosiers grimpants, ressemblait plutôt à un jardin qu'à quelque décor dramatique. Personne ne répondit. François marcha dans la pièce et regarda tout autour de lui. Tout était calme et silencieux. Il vit une porte qui donnait sur une autre pièce, s'empressa d'aller l'ouvrir. La pièce était vide elle aussi. Il visita ainsi, successivement, les quatre chambres

qui composaient la maison. Dagobert était toujours calme et indifférent, ce qui prouvait qu'il n'y avait là aucun malfaiteur.

« Dago, ce doit être une fausse alarme. C'était probablement un lapin! Mais qu'est'ce que tu renifles? »

Le chien reniflait le coin, près de la porte. Lorsqu'il se retourna vers François, il semblait vouloir dire quelque chose. François s'approcha, mais comme il n'y avait rien là non plus, il se demanda pourquoi Dagobert avait l'air tout à coup si vivement intéressé.

« Mick, fais descendre les filles, s'il te plaît, cria François, il n'y a personne! Annie a dû entendre un animal qui se promenait par là.

— Je suis désolée de vous avoir effrayés, dit Annie, mais en effet il n'y a sûrement personne, le chien est si calme.

— Que faisons-nous maintenant? Nous déjeunons? Ou bien continuons-nous à explorer pour trouver l'entrée du passage secret qui conduit d'ici aux cavernes? »

François regarda sa montre.

« Il n'est pas tout à fait l'heure de déjeuner, dit-il, à moins que vous n'ayez particulièrement faim...

— Oui, je commence à me sentir en appétit, répondit Mick, mais, d'autre part, je ne pourrai jamais attendre, je suis trop impatient de trouver le passage secret.

— Je suis entré dans les quatre chambres, expliqua François, aucune ne semble contenir autre chose que des herbes ou des ronces.

— Allons voir! Allons voir! C'est passionnant! s'écria Claude. Dagobert, en avant! »

Ils commencèrent à explorer les quatre pièces.

Il était facile de deviner qu'il n'y avait là aucune trappe. En effet, le sol était envahi par les herbes; si un homme avait emprunté un passage secret dans l'une des chambres, les ronces auraient été écrasées. Or, elles poussaient partout en liberté.

« Ecoutez, dit François, nous allons forcer Dago à chercher l'entrée.

— Comment? demanda Claude.

— Eh bien, nous lui ferons sentir les taches d'huile sur les marches, et, s'il y en a d'autres que nous ne voyons pas sous les herbes, il les découvrira, grâce à son flair.

— Moi, je pense, dit Claude, qu'il n'y a aucune entrée de souterrain ici. Nous avons regardé partout. Viens, Dagobert, on te demande de faire un miracle! »

Elle appuya gentiment sur la tête de son chien jusqu'à ce qu'il ait le nez sur la tache d'huile.

« Et maintenant, suis cette piste. »

Le chien savait parfaitement ce qu'on lui demandait. Il renifla bien fort et grimpa sur la première marche puis sur la seconde.

« Non, Dago, pas dans ce sens! Dans l'autre sens. Il doit y avoir d'autres taches d'huile sur le plancher de la maison. » Docile, Dago se retourna et, fouinant entre les herbes, découvrit plusieurs marques sur le sol.

« Que ce chien est intelligent! s'écria sa maîtresse enchantée. Nous allons enfin savoir! »

Pour Dagobert, c'était presque un jeu, la piste était facile à suivre; d'une tache à l'autre, d'une pièce à l'autre, il avançait... Enfin, il s'arrêta devant une cheminée, passa la tête à l'intérieur du foyer et ne bougea plus.

« Fantastique! s'exclama Claude. La piste finit là,

ce qui veut dire que le passage secret est à l'intérieur de cette cheminée.»

Ils y pénétrèrent tous en s'accroupissant. La cheminée était énorme. François braqua sa lumière et soudain...

«Regardez!»

Sa lampe éclairait une cavité sombre assez grande pour qu'un homme puisse s'y glisser.

«Je crois que nous avons trouvé! Vous voyez ce trou? Si nous entrons à l'intérieur, je suis sûr que nous découvrirons le souterrain. Bravo, Dago!

— Nous allons être tout noirs de suie! dit Annie.

— Qu'est-ce que cela peut faire? Nous sommes sur une piste importante, répondit Claude. N'est-ce pas, François?

— Je comprends! Si c'est bien ce que nous pensons et s'il s'agit de contrebande, nous allons rendre un fameux service à la police! Que faisons-nous? Nous déjeunons ou nous entrons dans ce trou?

— Dans le trou! répondit Mick. Mais si nous envoyions Dagobert d'abord?»

Dagobert s'enfonça dans l'obscurité et disparut, il avait l'air enchanté, on voyait sa queue remuer. Que voyait-il au bout de ce tunnel? Des lapins, des rats? Quel ennemi étrange les enfants allaient-ils prendre en chasse?

«J'y vais maintenant, dit

François. Mick, tu aideras Annie et Claude et, ensuite, tu viendras. »

Il disparut ; un par un, les autres s'engouffrèrent à sa suite. Tout au bout de la galerie se trouvait une petite place qui ressemblait à un placard, et François se demanda s'il ne s'agissait pas seulement d'une cachette. Mais, dans le rayon de sa lampe, il vit près de ses pieds un autre trou qui paraissait profond. Il éclaira davantage et découvrit des escaliers métalliques. Il appela les autres, puis descendit en s'agrippant des mains et des pieds. François se retrouva sur la terre ferme. Il éclaira tout autour de lui.

Le passage était là, juste devant lui. C'était peut-être celui qui conduisait aux cavernes, celui que l'homme à la lampe avait longtemps emprunté!

François entendait les autres descendre à leur tour. Il pensa soudain à Dagobert. Où était-il? Il avait dû dégringoler le long de cette échelle métallique et se retrouver tout de suite en bas. Pauvre Dago! François espérait qu'il ne s'était pas fait mal. Mais non! il aurait sûrement aboyé, il avait dû retomber sur ses pattes comme un chat.

Le garçon appela les autres.

«J'ai trouvé le passage. J'avance un petit peu, attendez-moi tous. Ensuite, nous pourrons marcher en file indienne.»

Mais Claude, elle aussi, s'inquiétait de Dago.

« Il a dû se faire mal, François. Il a dû tomber. Mon Dieu! où est-il?

— Nous allons sûrement le retrouver tout de suite. Restez tout près les uns des autres et faites attention, le passage descend en pente raide!»

En effet, les quatre enfants glissaient, tombaient les uns sur les autres. Enfin, ils découvrirent, dans les parois du mur, des crochets de fer auxquels ils pouvaient se retenir.

« Voilà qui est fort utile!

— Surtout lorsqu'on vient dans l'autre sens. Il doit être impossible de grimper par un tel chemin si l'on ne peut s'agripper au mur. »

Après cette descente un peu périlleuse, les quatre enfants se retrouvèrent soudain dans un vaste espace humide qui sentait la terre mouillée et le varech. C'était une caverne. Les murs étaient taillés dans le rocher, et dans la lumière de la lampe on les voyait briller.

«Je voudrais retrouver Dago, murmura Claude, je ne l'entends pas.

— Il devrait nous précéder, mais regardons un peu en traversant cette caverne s'il y a une issue. On doit arriver sur la côte. Regardez! Il y a une marche dans le rocher. Cette grotte a une sortie. »

Ils passèrent sous la voûte, traversèrent un autre couloir de pierre, et le passage se divisa bientôt en deux branches : l'une allait vers la mer, l'autre vers la terre.

« Allons du côté de la mer, cela vaut mieux », dit François.

Ils allaient prendre le chemin à main droite, lorsque Claude s'arrêta et serra très fort le bras de son cousin :

« Ecoute, dit-elle, j'entends Dago. »

Ils s'arrêtèrent tous et écoutèrent. Claude avait l'ouïe très fine, elle entendait son chien japper.

« Ouah ! ouah ! ouah ! »

« Dago ! hurla-t-elle si fort que les autres sursautèrent. Dago !

— Il ne peut t'entendre d'aussi loin, et tu nous crèves les tympans ! Mais il nous faut prendre le chemin qui mène vers l'intérieur de la falaise, car les aboiements viennent de cette direction, dit Mick.

— D'accord, répondit François, allons le chercher, et puis nous poursuivrons notre exploration. »

Ils tournèrent donc sur leur gauche. Le chemin était plus aisé que celui qu'ils avaient emprunté pour venir, car il était plus large. Les aboiements de Dago s'espaçaient. Claude le siffla, espérant qu'il allait venir en courant, mais il ne vint pas.

« C'est curieux qu'il ne vienne pas, je crains qu'il ne soit blessé. Dago ! »

Le passage tournait et de nouveau se divisait en deux et, à la grande surprise des enfants, ils découvrirent une porte dans le mur rocheux. Une porte ! C'était vraiment extraordinaire !

« Regardez ! On dirait une porte de forteresse, s'exclama Mick.

— Dagobert est derrière, dit Claude, il a dû essayer de passer par là, et la porte s'est refermée sur lui. Dago, nous sommes là, nous venons. »

Elle poussa de toutes ses forces, mais la porte ne céda pas. Enfin, elle découvrit un verrou qui avait l'air ancien, elle le poussa, la porte s'ouvrit aisément. Les quatre enfants entrèrent dans une autre grotte qui ressemblait plutôt à une pièce habitable.

Dago se rua vers eux. Il n'était pas blessé. Il était si heureux qu'il jappait de bon cœur :

« Oh ! Dago ! comment es-tu venu jusqu'ici ? lui

demanda sa maîtresse en le caressant. La porte s'est-elle refermée sur toi? Comme c'est curieux, on dirait un magasin! Regardez toutes ces caisses, toutes ces boîtes.».

Ils regardèrent tous, mais au même moment ils entendirent un petit bruit sec. François se jeta contre le battant de bois et essaya de l'ouvrir...

«C'est fermé! Quelqu'un l'a fermé! J'ai entendu. Laissez-nous sortir! Laissez-nous sortir!»

Chapitre 15

Enfermés dans la grotte

Mick, Claude et Annie se regardèrent. Quelqu'un avait dû les suivre et les attendre là dans l'ombre. Quelqu'un avait capturé Dago, l'avait emprisonné dans cette caverne et maintenant, à leur tour, les enfants étaient pris au piège! François criait, Dago aboyait. Enfin, une voix s'éleva de l'autre côté de la porte, une voix curieuse qui avait même l'air amusée.

« Vous êtes arrivés à un mauvais moment, c'est tout, et vous resterez là jusqu'à demain.

— Qui êtes-vous? demanda rudement François.

Comment avez-vous l'audace de nous emprisonner ainsi?

— Je crois que vous avez de quoi manger et boire. J'ai remarqué que vous portiez des sacs à dos; ils devaient contenir des pique-niques, je suppose; tant mieux pour vous! Maintenant, soyez raisonnables, il vous faut payer votre curiosité.

— Laissez-nous sortir!» cria François, que cette voix froide et impertinente agaçait.

Et il frappa la paroi de toute la force de ses poings. Il savait pourtant que sa fureur était vaine. Il n'y eut pas de réponse.

L'homme qui se trouvait de l'autre côté de la porte était parti.

«Ce bandit devait nous surveiller, il nous a sans doute suivis en chemin. C'est sûrement lui que tu avais entendu lorsque nous étions dans la tour, Annie.»

Dago aboya de nouveau en se rapprochant de la porte. Claude l'appela.

«Dago, cela ne sert à rien. Oh! mon Dieu! pourquoi t'avons-nous laissé passer le premier? Si tu n'avais pas été pris, mon brave chien, tu aurais pu nous protéger.

— Qu'allons-nous faire maintenant? demanda Annie, en essayant d'avoir l'air courageuse.

— Rien! Nous ne pouvons rien faire! répondit Claude. Nous sommes enfermés dans une cave à l'intérieur de la falaise, et il n'y a personne ici que notre geôlier! Qui a une idée?

— Attendons jusqu'à ce qu'il nous laisse sortir, suggéra sa cousine. J'espère que cet homme n'oubliera pas qu'il nous a enfermés là. Personne d'autre que lui ne sait où nous nous trouvons.

— C'est horrible! Je suis sûr que Mme Penlan

donnera l'alarme si elle ne nous voit pas rentrer, dit Mick.

— Et alors? Même s'ils suivent nos traces jusqu'à la vieille tour, ils ignorent où se trouve l'entrée du passage secret!

— Eh bien, tâchons de voir la vie du bon côté, conclut François, et mangeons un peu.»

On déballa le pique-nique.

«J'ai rudement faim! dit Annie toute surprise, il doit être tard!»

Ils dégustèrent un bon repas et se réjouirent que Mme Penlan ait mis tant de provisions; au moins ils ne mourraient pas de faim jusqu'au lendemain.

Puis ils examinèrent les boîtes et les caisses qui se trouvaient dans la grotte. Certaines étaient très vieilles. Elles étaient toutes vides. Il y avait aussi un coffre ancien sur lequel quelques lettres étaient peintes. Ce coffre avait appartenu à un marin sans doute, on y lisait : *Abraham Tréloff.*

«C'était peut-être un marin de l'équipage d'un navire naufragé. C'est là que le propriétaire de la maison cachait le butin!

— Sûrement, dit François. C'est pourquoi la porte a un verrou. Quel travail affreux accomplissaient ces pirates! Ce qui est ennuyeux, c'est que toutes ces caisses sont vides, ce n'est guère distrayant.»

On s'ennuyait fort dans cette grotte! Les enfants ne se servaient que d'une lampe, afin de ne pas risquer de se retrouver dans le noir si les deux piles étaient usées. François avait examiné les murs, du sol jusqu'au plafond. Il n'y avait aucun moyen de s'échapper, aucune issue.

«Ce bandit a dit que nous étions venus à un mauvais moment, dit François en s'asseyant par terre.

Pourquoi? Est-ce qu'ils attendent quelques marchandises de contrebande cette nuit? Les signaux ont fonctionné deux fois cette semaine. Le bateau qu'ils attendent n'est sans doute pas encore arrivé... Peut-être arrivera-t-il cette nuit? Voilà donc pourquoi nous sommes de trop!

— Si seulement nous n'étions pas enfermés dans cet antre noir nous pourrions épier les bandits, les empêcher peut-être même d'agir et avertir la police.

— Eh bien, c'est impossible! grogna Mick. Dago, tu as été idiot de te faire prendre.»

Dago baissa sa queue et regarda Mick avec des yeux pleins de tristesse. Lui non plus n'était pas content d'être enfermé là dans le noir. Pourquoi n'ouvraient-ils pas la porte? Il s'en approcha, la renifla, gratta le sol avec ses pattes.

«Ne t'agite pas, Dago, cela ne sert à rien, dit Annie. Je crois qu'il a soif, Claude.»

Mais il n'y avait rien à lui donner à boire, pauvre Dago! excepté de la citronnade, et il n'avait pas l'air d'aimer cela.

«Ne la gaspille pas, s'il n'aime pas ça, dit François, nous serons bien contents de la boire demain matin.»

Mick regarda sa montre.

«Il est seulement deux heures et demie, gémit-il. Nous avons des heures et des heures à attendre. Si nous jouions à quelque chose?»

Ils jouèrent aux portraits chinois et aux charades, ils se racontèrent toutes les histoires drôles qu'ils connaissaient. A cinq heures ils goûtèrent et s'inquiétèrent ensuite de ce que penserait Mme Penlan en ne les voyant pas rentrer ce soir.

«Si M. Penlan est mêlé à cette affaire, et je

suis sûr qu'il l'est, dit François, il ne sera pas très content d'avoir à téléphoner à la police pour demander qu'on nous recherche! Justement cette nuit il ne faudrait pas que la police vienne dans ces parages.

— Je crois que tu te trompes, dit Claude, il sera enchanté de lancer les gendarmes sur une piste d'enfants perdus. Ils seront ainsi occupés à tout autre chose qu'à mettre leur nez dans ses propres affaires cette nuit.

— Possible. »

Le temps ne passait pas. Les enfants bavardaient, bâillaient, puis demeuraient de nouveau silencieux, ou bien encore jouaient avec Dago. Ils ne savaient plus que faire. Soudain, la lampe électrique de François s'éteignit, la pile était usée.

« Heureusement que nous avons apporté deux lampes », dit Annie. Enfin il fut neuf heures et demie. Ils avaient tous sommeil.

« Si nous essayions de dormir ? dit Mick. Il y a un endroit de la cave qui est recouvert de sable ; ce sera plus doux. »

Ils s'allongèrent tous sur le sable.

« C'est tout de même encore dur, gémit Claude. Oh! Dago chéri, je t'en prie, ne souffle pas sur ma figure. Etends-toi entre Annie et moi ; essaie de dormir, toi aussi.» Dagobert se coucha sur les jambes de Claude.

«J'espère qu'il se tiendra tranquille cette nuit, dit Annie. On ne va pas pouvoir fermer l'œil.»

Pourtant, quelques instants plus tard, les quatre enfants dormaient paisiblement. Dagobert en fit autant, mais il garda prudemment une oreille à l'écoute et un œil à moitié ouvert. Personne ne pourrait entrer dans la caverne sans qu'il l'entendît.

Il devait être environ onze heures, lorsque Dago se dressa sur ses pattes, il avait ouvert ses deux yeux. Claude s'était réveillée; elle le caressait.

«Dago, couche-toi», murmura-t-elle.

Mais le chien n'obéit pas. Claude s'assit, complètement réveillée. Pourquoi Dago grognait-il? Que se passait-il de l'autre côté de la porte? Y avait-il quelqu'un? La lumière s'était-elle allumée sur la mer? Le bateau des contrebandiers s'était-il approché de la terre?»

La petite fille mit sa main sur le cou du chien fidèle.

«Qu'y a-t-il?» demanda-t-elle.

Dago secoua la tête et, échappant à Claude, courut vers la porte.

«François, je crois qu'il y a quelqu'un à la porte. Regarde, Dago a découvert quelque chose. Réveille-toi!»

Mais le chien n'aboyait pas. Il n'avait même pas l'air furieux; il poussait de petits jappements sourds.

«Ce n'est pas notre ennemi qui est derrière la porte, sinon le chien aboierait.

— Ne parlons pas! Ecoutons! Nous n'avons pas l'ouïe aussi fine que le chien, mais peut-être allons-nous surprendre des voix, des paroles.»

Ils restèrent assis complètement immobiles à écouter. Ils retenaient leur respiration. François donna un coup de coude à Annie, il avait entendu un léger grattement contre la porte. Puis le bruit cessa. Dago n'aboyait toujours pas. Il était là, assis sur son derrière, la tête penchée d'un côté, les oreilles dressées; enfin, il approcha son nez de la porte. Quelqu'un devait chuchoter derrière. Il bondit vers Claude, puis revint prendre sa place sur le seuil. Alors François se leva sans bruit. Il y avait sûrement quelqu'un de l'autre côté. Deux personnes parlaient peut-être entre elles.

«Qui est là? demanda-t-il, je vous entends. Qui êtes-vous?»

Il y eut un profond silence, puis une petite voix familière répondit avec douceur :

«C'est moi, Yan.

— Yan? mon Dieu! c'est vraiment toi?

— Oui.»

Les enfants se regardèrent avec stupéfaction. Yan! Comment était-il arrivé là au milieu de la nuit? Peut-être rêvaient-ils!

Dagobert était fou de joie en entendant la voix du petit berger. Il se jeta sur la porte en jappant de bonheur. François l'attrapa par son collier.

«Reste tranquille, nigaud, tu vas tout gâcher!»

Dagobert se tut, François parla à nouveau à Yan.

«Yan, as-tu une lampe?

— Non. Il fait sombre ici, puis-je venir vers vous?

— Oui, bien sûr. Ecoute, Yan, est-ce que tu sais comment ouvrir la porte? Est-ce que tu peux pousser un verrou?

François se demandait si cet enfant grandi dans les champs savait comment on clôt une porte.

« Oui, dit Yan. Est-ce que vous êtes enfermés ?

— Oui. Mais la clef doit être dans la serrure, regarde. Touche les verrous aussi, tire-les vers la gauche et tourne la clef, s'il y en a une. »

Les quatre enfants dans la grotte retenaient leur respiration tandis que les petites mains de Yan, tâtonnant le long de la porte, trouvaient enfin le verrou et la clef.

« J'ai la clef, dit Yan, mais c'est tellement dur, je n'ai pas assez de force dans la main !

— Essaie avec les deux mains. »

Yan faisait de grands efforts, mais la clef ne tournait toujours pas.

« Zut ! dit Mick, ce n'est vraiment pas de chance ! »

Annie poussa Mick, elle avait une idée. Elle s'approcha contre la porte,

« Yan, écoute-moi bien ! Sors la clef de la serrure et glisse-la sous la porte, tu m'entends ?

— Oui, j'entends », dit Yan.

Il y eut un petit bruit aigu, et la clef glissa doucement à l'intérieur de la grotte. François la ramassa, la mit dans la serrure, de son côté, la tourna, enfin la porte s'ouvrit ! Quel succès !

Chapitre 16

Le chemin des pirates

François avait ouvert la porte, et le chien bondissait de joie en retrouvant le petit berger, il lui léchait les mains, lui faisait fête, et l'enfant souriait.

« Sortons d'ici en vitesse, dit Mick. Cet homme peut revenir d'un moment à l'autre.

— D'accord! On s'expliquera plus tard », dit François. Il poussa tout le monde dehors, ferma soigneusement la porte à clef derrière lui, puis mit les verrous et garda la clef dans sa poche.

« Quand le bonhomme viendra, il croira que nous sommes toujours là, il ne pourra même pas entrer!

— Où allons-nous maintenant ? » demanda Annie, qui avait tout à fait l'im-

pression d'être devenue un personnage de rêve...
François réfléchit.

«Ce serait de la folie de remonter par le passage secret dans l'intérieur de la maison. S'ils sont en train de lancer leurs signaux, nous serons attrapés de nouveau! Nous ferons sûrement du bruit en rampant dans le trou de la cheminée!

— Essayons l'autre couloir que nous avions vu à main droite, dit Claude. Tenez, le voilà. Où conduit-il, Yan?

— A la plage. J'y suis allé tout à l'heure en vous cherchant, c'est parce que je ne vous ai pas trouvés que je suis remonté; il n'y avait personne sur la grève.

— Allons-y, dit Mick, lorsque nous serons hors de danger, nous dresserons un plan.»

Ils s'enfoncèrent donc dans le couloir qui menait à la plage. C'était un tunnel. Le sol était escarpé, rocailleux, ils avançaient péniblement.

«Tu as été très malin, Yan», dit Annie.

Le petit garçon souriait.

Enfin, ils entendirent la rumeur des vagues, et le vent frais caressa leurs visages. C'était une nuit assez froide, mais les étoiles brillaient dans le ciel et les enfants avaient une impression de clarté, après l'obscurité du passage secret.

«Où sommes-nous exactement?» dit Mick en regardant tout autour de lui.

Mais il eut vite fait de reconnaître qu'ils étaient sur la plage où ils se trouvaient quelques jours auparavant.

«Pouvons-nous retourner à la ferme d'ici? demanda François. J'ai l'impression qu'il faudrait nous dépêcher, car la marée monte.»

Une vague furieuse froissait le sable contre leurs pieds. François considéra la falaise derrière eux.

Elle était très haute. Ils ne pourraient certainement pas l'escalader dans le noir. Où allaient-ils trouver un abri à marée haute?

Une autre vague vint et cette fois mouilla leurs jambes.

« Cela devient sérieux, dit-il. Si la prochaine est plus grosse, elle va nous faire tomber. Je voudrais que la lune apparaisse ; ces étoiles dispensent une lumière si pâle.

— Yan, y a-t-il un abri non loin d'ici ? questionna Claude avec anxiété.

— Je vais vous ramener par le chemin des pirates, répondit Yan, venez avec moi.

— C'est vrai! tu nous avais dit que tu connaissais ce chemin. Nous avons de la chance! En avant! Tu es formidable! Mais dépêche-toi, car la mer est méchante. »

Yan prit la tête de file et les conduisit d'une grotte dans une autre, et ils arrivèrent bientôt à l'entrée d'un étroit chemin taillé dans la falaise. Ils contournèrent un énorme rocher. Les enfants n'auraient jamais pensé que derrière cette muraille de pierre, il y eût un petit sentier.

« Maintenant nous sommes sur le chemin des pirates », dit Yan fièrement, en les conduisant.

Mais soudain, il s'arrêta. Dago aboya, Claude eut juste le temps de le retenir.

« Quelqu'un! » s'exclama Yan, en les repoussant.

Ils parcoururent le même chemin en retournant sur leurs pas le plus vite possible, car ils entendaient des voix. Ils étaient maintenant revenus près du gros rocher, Yan tremblait, il leur montra une toute petite grotte à l'intérieur de la falaise.

« Chut! » dit-il dans un sifflement pareil à celui d'un serpent.

Les enfants se glissèrent à l'intérieur de la faille, s'assirent et attendirent.

Deux hommes apparurent derrière le rocher. L'un était énorme et l'autre tout petit. On ne pouvait pas les voir distinctement. Mais François murmura à l'oreille de Mick :

« Je suis sûr que c'est M. Penlan, regarde comme il est grand. »

Mick approuva, cela ne le surprenait pas du tout de penser que le fermier pouvait être mêlé à cela. Les cinq enfants retenaient leur respiration. Yan montra la mer :

« Le bateau vient », murmura-t-il.

Mick n'entendait rien, ne voyait rien. Enfin, au bout de quelques minutes, il perçut le ronflement d'un bateau à moteur qui s'approchait. Les autres entendirent le bruit, eux aussi, à travers la rumeur des vagues qui se brisaient contre les récifs.

« Aucune lumière, dit Yan, tandis que le bateau se rapprochait.

— Il va se fracasser contre les rochers! » dit Mick.

Mais avant que le bateau fût près des récifs, le moteur stoppa. Les enfants pouvaient maintenant apercevoir l'embarcation.

Ils entendaient de nouveau les voix. Les deux hommes qui avaient descendu le chemin des pirates se tenaient sous les gros rochers ; ils parlaient. L'un sauta au pied d'un autre rocher un peu plus bas et disparut. L'autre resta seul.

« C'est le grand qui est parti, murmura François, Où ? Je le vois maintenant. Regarde ! Que fait-il ?

— Un bateau, murmura Yan. Il y a un bateau ancré là, en bas, il va ramer jusqu'à l'autre embarcation. »

Les enfants regardaient de tous leurs yeux. Le ciel était complètement clair. Mais la lumière des étoiles brillait trop faiblement. On distinguait seulement des silhouettes mouvantes.

L'homme qui ramait dans son bateau se frayait un chemin à travers les vagues et les récifs.

« Il doit connaître parfaitement la côte pour se risquer, par une telle nuit, au moment de la marée!

— Pourquoi fait-il cela? demanda Annie.

— Il va chercher les marchandises de contrebande à bord du bateau à moteur, dit François. Tiens, je l'ai perdu dans l'obscurité. »

Les enfants maintenant ne pouvaient plus entendre le bruit des rames, car la mer battait trop fort contre les falaises, étouffant les autres sons. Sous les rocs, était ancré le bateau automobile, et seuls les yeux perçants de Yan pouvaient le reconnaître. Tout à coup, dans un temps de silence entre deux vagues, des voix montèrent...

« Il a atteint le canot automobile! dit Mick. Il sera de retour dans une minute.

— Regarde! Le deuxième descend à son tour pour aider le premier, dit François; si nous nous échappions par le chemin des pirates maintenant? C'est notre seul salut!

— Bonne idée! répondit Claude, en grimpant. Viens vite, Dago, à la maison! »

Ils contournèrent le grand rocher et prirent le chemin des pirates. Yan était toujours en tête et les éclairait; François lui avait prêté sa lampe. Le chemin se rétrécissait, c'était

maintenant une sorte de tunnel.
«Où aboutit le chemin des pirates? demanda Annie.
— Dans un hangar de la ferme de Trémanoir, répondit Yan à la grande surprise de tous.
— Eh bien, c'est extrêmement pratique pour M. Penlan! s'exclama Claude. Je me demande combien de fois il est passé par là pour aller chercher des paquets de contrebande. C'est vraiment impossible de surprendre quelqu'un d'aussi malin!

— Sauf pour nous! dit Mick avec une voix pleine de fierté, nous avons découvert assez aisément son jeu. Nous savons à peu près tout sur lui!»

Le passage devenait de plus en plus étroit et difficile. C'était probablement le lit d'un ancien cours d'eau souterrain. La terre était humide sous les pieds.

«Nous avons marché au moins un kilomètre et demi, grogna Mick; sommes-nous encore loin, Yan?

— Non», dit Yan.

Annie se rappela soudain que personne n'avait demandé au petit berger comment il avait eu l'idée de partir à leur recherche.

«Yan, comment as-tu pu nous retrouver cette nuit? Nous étions bien contents de nous réveiller en te sachant de l'autre côté de la porte!

— C'était facile, dit Yan, vous m'aviez dit : "Va-t'en, ne viens pas avec nous aujourd'hui!" Alors je suis parti, puis je vous ai suivis jusqu'à la vieille maison; malgré ma frayeur, je me suis caché, je vous ai vus monter à la tour, explorer les ruines...

— C'est donc toi que j'ai entendu ?

— Oui, je me suis caché et je vous ai surveillés par un trou dans le mur. Je vous ai vus entrer dans le foyer de la cheminée et disparaître. Alors j'ai été effrayé.

— Et ensuite ?

— J'ai voulu entrer dans le trou aussi, mais c'était si sombre ! J'ai attendu un bon moment dans la cheminée en espérant que vous reviendriez.

— Et alors ? demanda Mick.

— Alors, j'ai entendu des voix, j'ai pensé que vous reveniez, mais ce n'était pas vous ! J'ai vu des hommes, je me suis enfui, et je me suis caché dans les ronces !

— Drôle d'endroit pour se cacher, s'exclama Claude. Ça pique !

— J'avais très faim ; alors, je suis remonté vers la cabane de mon grand-père pour manger. Il m'a grondé parce que je l'avais laissé, il m'a forcé à travailler avec lui tout l'après-midi, il était furieux !

— Mon Dieu ! tu es resté dans les collines toute la journée en sachant où nous étions ? As-tu dit quelque chose à quelqu'un ?

— Je suis allé à la ferme de Trémanoir pour voir si vous étiez revenus au crépuscule, mais vous n'y étiez pas. Les Barnies préparaient un autre spectacle. Je n'ai pas vu M. Penlan, ni sa femme, j'ai pensé que vous étiez toujours dans ce trou noir dans la cheminée, et je mourais de peur.

— Et tu as parcouru tout ce chemin dans l'obscurité pour nous retrouver, tu as vraiment du courage.

— J'avais terriblement peur, dit Yan, mes jambes tremblaient comme celles de mon grand-père! Je me suis glissé dans le trou noir et voilà, à la fin je vous ai retrouvés.

— Tu n'avais pas de lampe? s'écria Mick en donnant une bonne bourrade au petit garçon. Tu es un véritable ami, Yan. Dago t'avait tout de suite reconnu quand tu es venu à la porte, il n'a même pas aboyé.

— Je voulais sauver Dago qui est mon ami, lui aussi.»

Claude ne contestait plus cette affection. Elle pensait que Yan avait fait preuve d'un grand courage et qu'elle avait été stupide de jalouser l'amitié du chien pour lui! C'était merveilleux, au contraire, que Dagobert et Yan s'entendissent si bien.

«Nous sommes arrivés, dit le gamin, nous sommes à la ferme de Trémanoir. Regardez au-dessus de vos têtes.»

François projeta sa lumière; une trappe s'ouvrait au-dessus d'eux.

«La trappe est ouverte, dit-il, quelqu'un est descendu par là cette nuit...

— Nous savons qui, dit Mick, M. Penlan et son ami. Où débouche cette trappe, Yan?

— Dans un coin du hangar aux machines, dit Yan; quand elle est fermée, elle est recouverte de sacs de blé ou de haricots. On les a poussés pour soulever la trappe.»

Ils grimpèrent tous. François éclaira le hangar.

Oui, les machines et les outils étaient là. Qui aurait pu penser, l'autre jour, dans ce désordre, que la trappe conduisant au chemin des pirates était si proche.

Chapitre 17

Tard après minuit

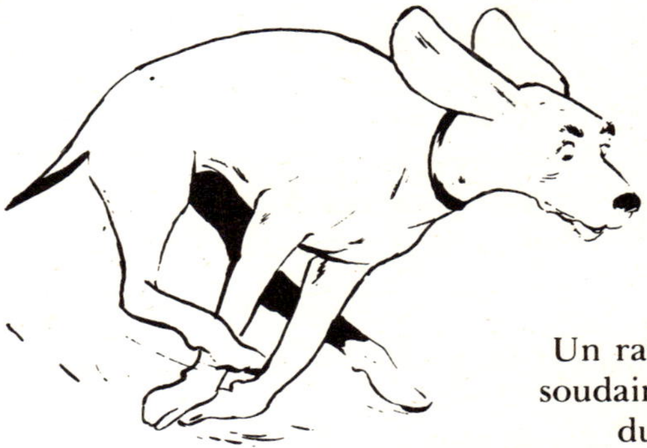

Un rat s'échappa soudain d'un coin du hangar et s'engouffra dans la trappe entrouverte. Dago aboya et courut après lui, mais, au moment de se glisser dans l'escalier obscur, il hésita, sa tête se pencha, d'un côté, de l'autre...

« Il écoute, dit Annie. Quelqu'un vient. Ce sont peut-être ces contrebandiers.

— Mais non ! Il est seulement en train de guetter le rat qui s'enfuit.

— J'ai une idée. Nous allons fermer la trappe, empiler les sacs et les caisses dessus ; lorsque les hommes arriveront, ils se trouveront pris au piège, ils ne pourront pas en sortir. Si nous prévenons la police à temps,

nous pourrons probablement les faire arrêter.

— François, tu as des idées formidables! Si ces hommes trouvent la trappe fermée, ils ne pourront pas retourner en arrière pour sortir, car l'autre côté du passage souterrain doit, à l'heure actuelle, être envahi par la marée.

— Je me réjouis à l'idée de voir la tête de M. Penlan. Il va émettre quelques bruits gutturaux selon son habitude.

— Oh! oh! oh! ah! oh! dit Mick solennellement. Aidez-moi, c'est lourd!»

Tous ensemble, ils fermèrent la trappe et empilèrent dessus les sacs et les caisses.

Ils avaient très chaud et étaient très sales lorsqu'ils eurent fini; ils commençaient aussi à se sentir fatigués.

«Ouf! dit Mick, je suis content que ce soit terminé! Maintenant retournons à la ferme et allons nous montrer à Mme Penlan.

— Mon Dieu! est-ce qu'il va falloir lui dire que son mari est mêlé à une abominable affaire? Je l'aime tant! dit Annie. Elle a dû se faire beaucoup de souci pour nous.

— Oui, ce sera un peu difficile, dit François. Laissez-moi lui parler. Allez, venez! Ne faites pas trop de bruit, sinon les chiens vont aboyer. Je suis surpris qu'ils n'aient pas encore montré leur nez.»

En effet, c'était plutôt surprenant, car les chiens aboyaient chaque fois qu'ils entendaient le moindre bruit suspect dans la nuit.

Les cinq enfants et Dago quittèrent le hangar aux machines et s'approchèrent de la ferme. Claude saisit soudain le bras de François.

«Regarde! dit-elle à voix basse, tu vois ces lumières sur la colline?»

François regarda et vit, à son tour, des lumières qui bougeaient çà et là dans les champs. Il était étonné et cherchait à comprendre...

«C'est peut-être Mme Penlan qui est partie à notre recherche avec quelques villageois. Ils ont pris des lanternes, les Barnies sont sans doute, eux aussi, inquiets à notre sujet.»

La vaste grange, dont les Barnies s'étaient servis pour leur spectacle, était obscure. François se souvenait de M. Penlan fouillant dans les poches des vêtements abandonnés là par les comédiens!

Un petit sifflement les fit arrêter sur place. Claude mit sa main sur le cou de Dago pour l'empêcher d'aboyer. Qui était-ce? Personne ne répondit. De nouveau on siffla.

«Là, je suis là», chuchota quelqu'un...

Personne ne bougea. Ils furent tous seulement étonnés. Qui attendait là dans l'ombre?

«Là, je suis là.»

Et tout à coup comme s'il mourait d'impatience, celui qui sifflait et chuchotait avança dans la cour. François ne pouvait pas voir qui c'était dans l'ombre. Aussi braqua-t-il sa lampe électrique vers lui.

C'était le gouverneur, aussi sinistre que d'habitude. Il ferma les yeux devant l'éclat de la lumière, recula un peu et disparut derrière l'angle d'un mur. Dago grogna.

«Je me demande combien de gens peuvent être dehors cette nuit! dit Mick. C'était le gouverneur. Qu'est-ce qu'il pouvait bien faire?

— Ça, alors... nous ne sommes pas près de le deviner, d'ailleurs, je me sens si fatigué, répondit François, que je ne serais même plus étonné si je voyais Clopinant accourir vers nous en disant :

"Bonjour, les garçons!" C'est exactement le genre de chose que Clopinant aurait faite s'il avait été un vrai cheval!»

Les enfants pénétrèrent enfin dans la ferme. Les lumières étaient allumées partout; à la fenêtre de la cuisine, les rideaux n'étaient pas tirés. Mme Penlan était assise, les mains nouées sur ses genoux, elle semblait désespérée. Ils s'approchèrent d'elle, elle sursauta et courut vers eux, elle saisit Annie dans ses bras, puis embrassa Claude et dit une quantité de choses que les enfants ne comprirent pas, tellement elle parlait vite; des larmes coulaient sur ses joues.

«Mon Dieu! où avez-vous été? demanda-t-elle, à travers ses pleurs. Les hommes sont partis à votre recherche, les chiens aussi et les Barnies! Il y a des heures qu'ils vous cherchent. M. Penlan n'est pas à la maison non plus. Je me demande où il peut être. Il est parti. Ah! quelle soirée épouvantable, mais, Dieu merci! vous êtes saufs.»

Ce pauvre visage défait, plein de tristesse et plein de douceur, comme les enfants l'aimaient! François prit la fermière par le bras et l'entraîna. Il la força à s'asseoir et à s'apaiser.

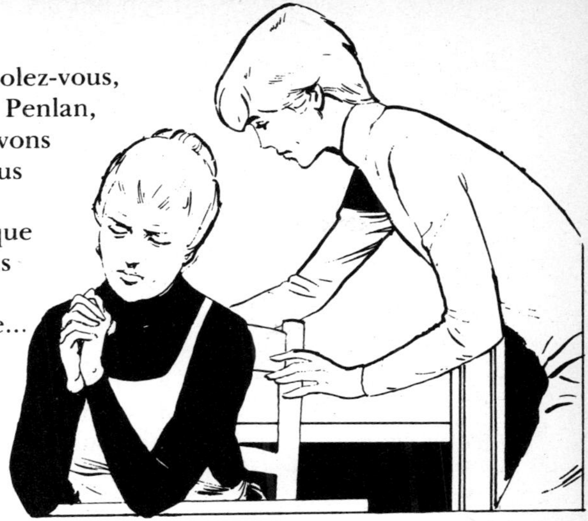

« Consolez-vous, madame Penlan, nous n'avons rien. Nous sommes désolés que vous vous soyez inquiétée...

— Mais où êtes-vous allés ? Je vous imaginais noyés, perdus dans les collines ou tombés au milieu des carrières ! Et où est donc M. Penlan ? Il est parti à sept heures et on ne l'a pas revu. »

Les enfants se sentaient mal à l'aise. Ils croyaient bien savoir où se trouvait M. Penlan. Il récupérait les produits de contrebande à bord du bateau à moteur et les ramenait avec l'aide de son ami le long du chemin des pirates.

« Maintenant, expliquez-moi ce que vous avez fait, dit Mme Penlan en séchant ses yeux, vous avez inquiété tout le monde. J'ai le droit de savoir où vous étiez.

— Eh bien, dit François, c'est une longue histoire, mais je vais essayer d'être bref. Des choses étranges se sont passées, madame Penlan. »

Il raconta toute leur aventure, l'histoire de la vieille tour, le récit du berger, le passage secret des pirates, leur capture et leur fuite, puis il s'arrêta. Comment pouvait-il dire à Mme Penlan que l'un des contrebandiers était son mari ? Il regarda les autres avec désespoir. Annie commença à pleurer, et Claude était bien émue elle aussi, malgré ses airs de garçon. Heureusement, Yan intervint.

« Nous avons vu M. Penlan près des grottes, dit-il, content de pouvoir placer un mot. Nous l'avons vu ! »

Mme Penlan ouvrit de grands yeux.

« Vous l'avez vu ? près des grottes ? sûrement pas. Qu'aurait-il fait par là-bas ?

— Nous pensons... nous pensons qu'il doit être l'un des contrebandiers, dit François. Nous croyons l'avoir vu dans le bateau ; il ramait vers le canot automobile entre les rochers. Il va bientôt s'attirer des ennuis, madame Penlan ! »

Il ne finit pas sa phrase, car à sa plus grande surprise, Mme Penlan s'était levée, et, courant vers lui, lui avait frotté vigoureusement les oreilles. Il n'eut même pas le temps de s'échapper.

« Maudit gosse ! cria-t-elle, petit monstre, dire des choses pareilles au sujet de M. Penlan qui est le plus honnête et le plus brave des hommes ! Lui, un contrebandier ! lui avec ces bandits ! Je te tirerai les oreilles jusqu'à ce que tu ravales tes mots ! Que cela te serve de leçon ! »

François était bien étonné de voir le changement qui s'était fait sur le visage de la fermière ; ses yeux lançaient des flammes et elle semblait plus grande ; il n'avait jamais assisté à une telle scène de colère ! Quant à Yan, il se cachait prudemment sous la table. Dagobert grognait. Il aimait Mme Penlan, mais il ne pouvait tout de même pas lui permettre de battre ses amis. La fermière faisait toujours face à François, tremblante de fureur.

« Maintenant vous allez me faire des excuses, dit-elle, ou je vous donne une raclée comme vous n'en avez jamais reçu de votre vie, et puis vous verrez ce que M. Penlan fera lorsque je lui répéterai cela!»

François était trop grand et trop fort pour «recevoir une raclée» mais il savait que la fermière, s'il ne s'excusait pas, était bien capable de lui administrer quelques coups. C'était une vraie tigresse! Il posa sa main gentiment sur le bras de Mme Penlan :

«Ne vous mettez pas en colère, madame Penlan, je suis vraiment désolé d'avoir parlé ainsi.»

Mme Penlan enleva la main du garçon de son bras.

«En colère! on le serait à moins! Qui ose penser d'aussi vilaines choses au sujet de M. Penlan? Je sais qu'il n'était pas sur le chemin des pirates, je voudrais seulement savoir *qui* y était. Je suis tellement inquiète!

— Il y est et il doit y être encore, annonça Yan, toujours caché sous la table et très sûr de lui, car nous avons refermé la trappe sur lui.

— Sur le chemin des pirates!»

La pauvre fermière de nouveau se laissa tomber sur sa chaise. Elle regardait maintenant François avec angoisse.

«C'est vrai, dit celui-ci, nous sommes revenus de la plage par là. Le passage souterrain aboutit dans le hangar à machines, nous avons refermé la trappe et mis des sacs dessus. Je suis inquiet, moi aussi, M. Penlan ne pourra pas en sortir.»

Les yeux de la pauvre fermière avaient l'air de vouloir jaillir de leurs orbites; quant à sa bouche, elle s'ouvrait et se refermait pareille à celle d'un poisson hors de l'eau. Les enfants se sentaient mal à l'aise et ils étaient si tristes pour elle.

«Je ne crois pas tout cela, dit-elle enfin, c'est un cauchemar, ce n'est pas vrai! M. Penlan va rentrer d'un moment à l'autre, je vous le dis, il n'est pas sur le chemin des pirates ; ce n'est pas un méchant homme, il va apparaître dans la pièce, vous allez voir ! »

Il y eut un grand silence et soudain on entendit le bruit régulier de grosses bottes : clip, clop, clip, clop. « J'ai peur », gémit Yan.

Tous sursautèrent. Les pas se rapprochèrent du mur de la cuisine, puis de la porte.

Mme Penlan courut ouvrir.

« Quelqu'un entra... C'était M. Penlan !

Sa femme se jeta à son cou et l'embrassa chaleureusement.

« J'avais dit que tu allais revenir d'un moment à l'autre, je suis si heureuse de te retrouver. »

M. Penlan avait l'air fatigué, les enfants le regardaient avec un étonnement sans bornes, mais il avait l'air, lui aussi, très surpris de les voir.

« Pourquoi ces enfants sont-ils encore éveillés ? » dit-il.

Il parlait tout à fait normalement, ses mots sonnaient clair.

« Oh ! monsieur Penlan ! des histoires à dormir debout ! Ces gosses ont raconté toute une série de mensonge à ton sujet. Ils ont dit que tu étais un contrebandier, qu'ils t'avaient vu sur le chemin des pirates, non loin des grottes... Tu aurais pris, soi-disant, un bateau à rames, pour aller chercher des marchandises de contrebande à bord d'un canot automobile, et maintenant, pour te capturer ils ont fermé la trappe du hangar. »

M. Penlan écarta sa femme et s'approcha des enfants étonnés. Ils avaient un peu peur à vrai dire. Comment avait-il pu s'échapper ? Certes, il avait une force terrible ! mais il n'avait sûrement pas pu soulever le couvercle de la trappe. Il avait l'air plus sauvage que jamais avec sa chevelure noire, ses sourcils broussailleux ombrant ses yeux profonds, et sa barbe obscure.

« Qu'est-ce que tout cela ? demanda-t-il.

— Eh bien, monsieur, bégaya François, nous avons été explorer la tour et nous avons découvert cette affaire de contrebande ! nous avons bien cru vous reconnaître dans la grotte des pirates. Nous pensions qu'en refermant la trappe sur vous nous vous capturerions !

— Voilà qui est important, dit M. Penlan et sa voix était grave. Oubliez cette idée, mes enfants... je ne suis pas un contrebandier, vous vous êtes trompés, je travaille, au contraire, avec la police, il y avait quelqu'un d'autre dans la grotte, ce n'était pas moi. J'étais sur la côte, c'est vrai, pour surveiller, et je me suis fait tremper, comme vous le voyez. Mais dites-moi... que savez-vous ? Cette histoire de trappe est-elle vraie ? »

Tout cela était tellement fantastique, que les enfants ne pouvaient plus dire un mot. Enfin, François parla.

« Oui, monsieur, nous avons refermé la trappe avec l'espoir d'emprisonner les contrebandiers et de prévenir la police. Nous n'avons qu'à attendre près de la trappe jusqu'à ce qu'ils arrivent.

— Parfait, dit M. Penlan, venez vite. »

Chapitre 18

Mick a une idée

Les cinq enfants quittèrent la cuisine pour suivre M. Penlan. Yan était sorti de sa cachette, il n'avait pas envie de rater cette aventure. Mais le fermier décréta :

« Pas les filles, ni toi, Yan.

— Je garderai les petites ici avec moi, dit Mme Penlan (qui avait oublié sa colère). Yan, viens vite. »

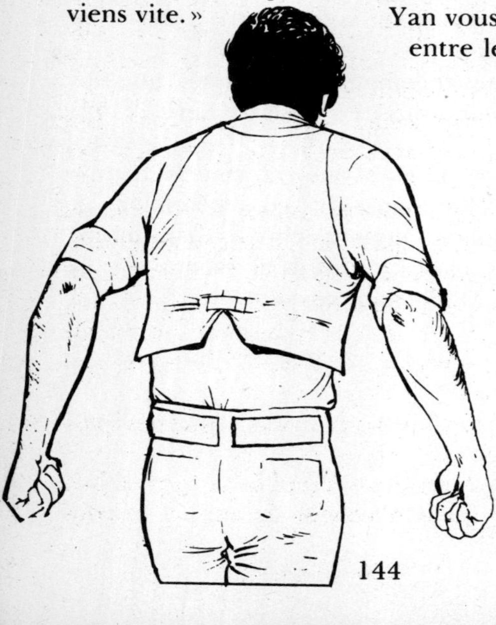

Yan vous glissait toujours entre les doigts comme un lézard. Rien n'aurait pu l'empêcher de suivre les garçons et le fermier ! Pour rien au monde il ne manquerait un tel spectacle. Dagobert, naturellement, était aussi excité que les autres.

«Quelle nuit! dit Mme Penlan. Dire que M. Penlan, mon mari, ne m'avait jamais dit qu'il recherchait des contrebandiers; nous savions bien qu'il se promenait sur la côte, mais dire qu'il montait la garde sans que je le sache!»

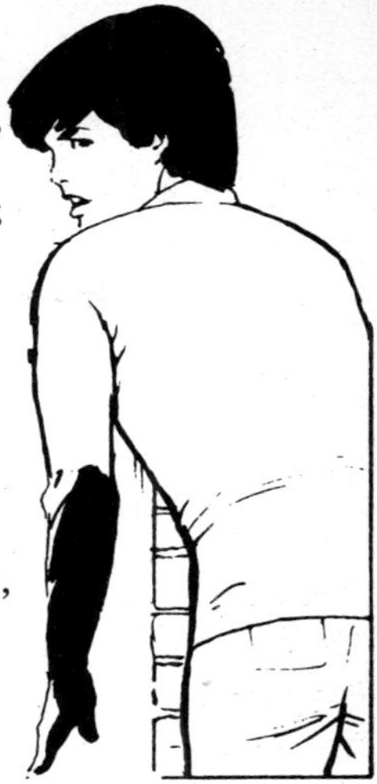

François et Mick avaient oublié leur fatigue; ils couraient à travers la cour de la ferme derrière M. Penlan, suivis de Yan et de Dago. Ils entrèrent dans le hangar aux machines.

«Nous avons bloqué l'ouverture...», commença François. Mais il s'arrêta soudain; la lampe de M. Penlan éclairait l'angle où se trouvait la trappe. Elle était ouverte. C'était incroyable! Mais oui, elle était ouverte! Les sacs, les caisses et la machine agricole avaient été repoussés!

«Qui a pu faire cela? s'écria François. Les contrebandiers sont partis avec leur marchandise, nous sommes vaincus!»

M. Penlan grogna, dans sa colère, et referma la trappe violemment. Il allait parler lorsqu'on entendit des voix non loin de là. C'étaient les Barnies qui revenaient après avoir cherché en vain les enfants.

Ils virent la lumière dans le hangar et entrèrent. Lorsqu'ils aperçurent François et Mick ils s'exclamèrent :

«Vous êtes là! Nous vous avons cherchés partout.»

François et Mick étaient si étonnés de voir se briser leurs espoirs qu'ils n'avaient même pas le courage de répondre aux comédiens. M. Penlan paraissait de mauvaise humeur, il répondit assez sèchement aux Barnies, en disant que tout allait bien maintenant et qu'il allait se coucher. Les acteurs se dispersèrent tout en bavardant entre eux. Le fermier revint vers la maison suivi des deux garçons. Yan avait disparu. Comme il n'était pas à la ferme lorsqu'ils y entrèrent, François supposa qu'il était remonté dans les collines retrouver son grand-père.

« Trois heures du matin ! dit M. Penlan en regardant la pendule. Je vais dormir une heure ou deux, femme, puis je me lèverai pour traire les vaches. Envoie ces enfants au lit, je suis trop fatigué pour parler ! Bonsoir ! »

Et mettant sa main devant sa bouche, il en retira solennellement son dentier, qu'il posa dans un verre d'eau sur la cheminée.

« Ooah... », dit-il à sa femme, en enlevant son manteau mouillé.

Mme Penlan envoya les enfants dormir. Ils tombaient de fatigue maintenant. Les filles se déshabillèrent, mais les garçons s'effondrèrent sur leur lit, sans prendre le temps de se dévêtir.

Le lendemain matin, ils n'entendirent pas les coqs chanter, ni les vaches meugler ; ils ne surent pas que les voitures des Barnies traversaient la cour de la ferme ; les comédiens faisaient leurs paquets, car la nuit prochaine ils joueraient dans un autre village.

François s'éveilla enfin. Il se demanda tout d'abord pourquoi il était encore tout habillé ! Peu à peu, les images de la veille revinrent dans son esprit. Dire qu'ils avaient raté une prise fantastique !

Si seulement il savait qui avait ouvert la trappe !

Un petit déclic se fit dans sa tête et il sut. Naturellement! Pourquoi n'y avait-il pas pensé avant? Pourquoi n'avait-il pas raconté à M. Penlan que le gouverneur se trouvait dans l'ombre de la cour et murmurait : « Là, je suis là. »

Il avait dû attendre les contrebandiers — il faisait probablement appel aux pêcheurs de l'endroit pour ramer entre les récifs jusqu'au bateau. Ceux-ci empruntaient le passage des pirates...

Les Barnies venaient souvent jouer à la ferme de Trémanoir. Rien ne pouvait donc être plus facile pour le gouverneur que de faire coïncider son affaire de contrebande avec les soirées données dans la grange, puisque le passage souterrain aboutissait dans le hangar aux machines. Par une nuit d'orage, tout était plus simple encore : personne ne sortait, le gouverneur pouvait grimper sur les collines et attendre le signal.

Il pouvait aussi s'arranger pour que l'homme qui donnait le signal annonçât aussi la nouvelle de l'arrivée du gouverneur à Trémanoir. Mais qui était « l'homme aux signaux »? Probablement l'un des pêcheurs descendant des vieux pirates, heureux de vivre une aventure et de gagner de l'argent.

Chaque chose entrait à sa place comme dans un jeu. François voyait clairement le puzzle se reconstituer.

Mais qui aurait pu penser que le directeur des Barnies était mêlé à des histoires de contrebande?

François entendit du bruit dehors. Il courut à la fenêtre. Lorsqu'il vit les Barnies empiler leurs malles et leurs décors sur les carrioles, il se hâta de descendre. Il avait réveillé Mick, il lui fallait dire à M. Penlan ce qu'il savait au sujet du gouverneur; il fallait arrêter celui-ci qui cachait sans doute les produits de sa contrebande dans l'une des voitures!

Mick courut derrière François, ils arrivèrent auprès de M. Penlan qui surveillait le départ des Barnies; il avait l'air sombre.

«Monsieur, j'ai oublié de vous dire quelque chose d'important. Puis-je vous parler?»

Ils marchèrent vers le champ le plus proche et François révéla ce qu'il savait.

«Le gouverneur attendait dans l'obscurité, la nuit dernière; je suis sûr qu'il avait rendez-vous avec les contrebandiers; il nous a entendus approcher et il a cru que c'étaient eux! C'est sûrement lui qui a ouvert la trappe, lorsqu'il l'a vue fermée avec toutes ces caisses entassées. Maintenant, il doit cacher sa marchandise de contrebande quelque part dans ses roulottes.

— Pourquoi ne me l'as-tu pas dit hier soir? demanda M. Penlan. Il est peut-être déjà trop tard. Il faut que j'obtienne un ordre de perquisition de la police! Si j'empêche les Barnies de s'en aller maintenant, le gouverneur va se douter de quelque chose.»

François était soulagé de constater que M. Penlan avait remis son dentier et qu'il pouvait parler normalement.

«J'ai cherché maintes fois dans les affaires des Barnies et j'ai toujours été déçu de ne rien trouver.

— Savez-vous ce qu'ils passent en contrebande?

— Oui, des drogues dangereuses, des poisons qui sont vendus à des prix très élevés. Les paquets sont tout petits, mais j'ai eu beau fouiller les poches des vêtements, je n'ai rien découvert!

— Un tout petit paquet est facile à cacher... dit Mick pensif, mais s'il s'agit d'une chose si dangereuse, le gouverneur ne l'aura pas sur lui, n'est-ce pas?

— Oh! non, il aurait trop peur, répondit M. Penlan. Je suis obligé de les laisser partir cette fois, mais j'avertirai la police ; s'ils peuvent fouiller les voitures sur la route, ce sera parfait. Je ne peux faire venir les gendarmes ici, c'est trop tard. Allons téléphoner de la ferme. »

M. Binet arriva à ce moment-là, portant les pattes de Clopinant. Il dit aux garçons :

« Vous nous avez bien inquiétés hier soir. Que vous était-il arrivé ?

— Eh bien, ajouta Sid qui transportait toujours sous son bras la tête de Clopinant, mon pauvre cheval s'est fait bien du souci pour vous.

— Vous n'avez pas couru les collines toute la nuit en transportant Clopinant ? demanda Mick étonné.

— Non. Je l'avais laissé avec le gouverneur, il a veillé sur le brave cheval, tandis que je vous cherchais partout. »

Mick contemplait la tête de Clopinant et ses grands yeux comiques. Il l'observait comme jamais il ne l'avait encore observée et alors il se passa une chose extraordinaire. Mick s'empara brutalement de cette tête et il s'enfuit à toutes jambes vers la ferme.

François n'y comprenait rien. Sid cria : «Où vas-tu? Reviens immédiatement!»

Mais Mick n'obéit pas, il tourna le coin de la ferme et disparut. Sid courut après lui, ainsi que tous les autres.

Le gouverneur apparut dans la cour. Il semblait furieux, il cria, hurla, brandit les poings, Mick avait disparu.

«Pourquoi voulait-il voler la tête de Clopinant? demanda M. Penlan étonné, il est fou.»

François soudain comprit, il savait pourquoi Mick avait emporté la tête de cheval.

«Monsieur Penlan, pourquoi le gouverneur exige-t-il que la tête de cheval soit toujours sous la garde de quelqu'un? Peut-être y cache-t-il quelque chose de précieux que personne ne doit trouver. Vite, allons voir!»

Chapitre 19

La vérité au sujet de Clopinant

A ce moment, Mick réapparut à un autre coin de la cour. Il portait toujours la tête de cheval mais était inquiet, car Sid et le gouverneur couraient très vite. Il n'avait pas eu le temps de cacher Clopinant quelque part. Il rejoignit M. Penlan...

« Prenez-la, dit-il, je crois que la contrebande est à l'intérieur. »

Sid et le gouverneur, pris de fureur, se jetèrent sur le fermier, mais celui-ci était un géant. Il tenait la tête de cheval à bout de bras, hors d'atteinte de

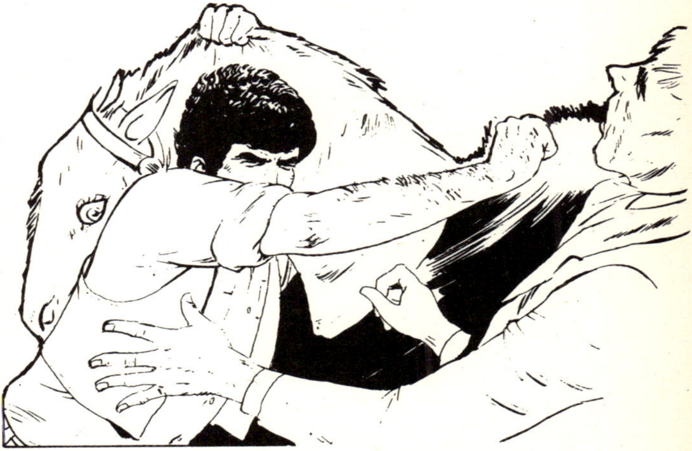

ses ennemis. Pendant ce temps, de sa main gauche, il repoussait le gouverneur.

Les Barnies entouraient maintenant le petit groupe. L'un des deux ouvriers de la ferme accourut à la rescousse. Mme Penlan et les filles entendant cette rumeur de bagarre, s'approchèrent à leur tour. Dagobert et ses quatre amis chiens aboyaient de toutes leurs forces. Le gouverneur se battait avec furie, et l'on vit M. Binet aider le fermier à le repousser, tandis que l'ouvrier de M. Penlan abattait sa poigne de fer sur l'épaule du gouverneur.

« Ne le laisse pas partir ! cria Penlan.

— Laissez mon cheval tranquille ! hurlait le gouverneur dont le visage avait pâli. Il est à moi, c'est ma propriété, c'est mon bien.

— Vous dites que ce cheval est votre entière propriété, à l'intérieur comme à l'extérieur ? »

Le gouverneur ne disait plus rien, il semblait désemparé. M. Penlan retourna la tête du haut en bas et regarda à l'intérieur du cou, il y plongea sa main, trouva une petite poche et l'ouvrit, une dizaine de cigarettes en tombèrent.

« Ce sont mes cigarettes, dit M. Binet. Cela n'a pas une grande importance que je les range là, n'est-ce pas ? Quelquefois, entre deux tours du cheval pendant le spectacle, j'ai envie de fumer.

— Il n'y a rien de mal à cela », répondit le fermier et il replongea sa main, cherchant dans l'étoffe du déguisement. Le gouverneur observait ; il respirait très vite.

« Je sens quelque chose, gouverneur, dit M. Penlan. Il y a là une petite cachette secrète. Comment est-ce que cela s'ouvre ? Voulez-vous m'aider ou devrai-je casser la tête de cheval.

— Ne la cassez pas! crièrent Sid et Binet à la fois...

— Qu'est-ce que c'est que cette histoire? demanda Binet au gouverneur. Nous ne savions pas que Clopinant avait un secret.

— Il n'en a pas! répondit le gouverneur.

— J'ai trouvé, j'ai pu ouvrir la cachette! s'exclama M. Penlan, ça y est, je le tiens. »

A l'intérieur du cou du cheval, les grands doigts du fermier s'agitaient. Il en sortit un petit paquet enveloppé dans du papier blanc.

« Qu'est-ce que c'est, gouverneur? N'est-ce pas l'un des nombreux paquets de drogue dont vous avez fait la contrebande sur cette côte? C'est pour cela, n'est-ce pas, que vous avez dit à Sid de ne jamais abandonner Clopinant nulle part? Si je défaisais le papier pour voir ce qu'il contient? »

Il y eut un murmure de mécontentement général.

Les Barnies étaient horrifiés. Sid se retourna furieux contre le gouverneur.

« Ce n'est pas Clopinant que vous nous faisiez garder, c'est cet horrible poison! Quand je pense que pendant tout ce temps j'ai aidé un homme qui mérite la prison, j'en ai la nausée! Je ne travaillerai plus jamais avec Clopinant, jamais! »

Le pauvre Sid avait un visage malheureux; c'est tout juste si les larmes ne coulaient pas sur ses joues! Se frayant un chemin entre les Barnies, il s'éloigna. Un moment plus tard, Binet le suivit.

M. Penlan enfouit le petit paquet blanc dans sa poche.

« Qu'on enferme le gouverneur dans la petite grange, dit-il, et toi, Daniel, ordonna-t-il à son ouvrier, prends ta bicyclette et va chercher la police. Quant à vous, Barnies, je ne sais pas très bien quoi vous dire, vous avez perdu votre directeur, mais cela vaut probablement mieux.»

Les Barnies considéraient leur chef que l'on entraînait vers sa première geôle.

«Nous ne l'avons jamais aimé, dit l'un des comédiens, mais il avait de l'argent quand nous étions en difficulté, l'argent de sa contrebande, sans doute. Nous acteurs, chanteurs et danseurs, nous n'étions qu'un prétexte pour lui! Nous servions à cacher ses méfaits!

— Nous nous arrangerons entre nous, dit un autre comédien, courage, Sid, viens!»

Sid et Binet revinrent et dirent d'un ton solennel :

«Nous ne nous servirons plus jamais de Clopinant, il nous porterait malheur. Nous prendrons un âne à la place et inventerons un autre scénario.

— C'est bien, dit le fermier, en emportant Clopinant, je me charge du vieux cheval, ses yeux amusants me feront toujours sourire et à moi il ne portera jamais malheur.»

Les Barnies firent des adieux mélancoliques.

Sid et Binet serrèrent la main des enfants. « Merci pour tout, monsieur Penlan, à un de ces jours.

— Je vous reverrai à votre prochain passage, dit M. Penlan, vous pourrez vous servir de ma grange, Sid. »

Le gouverneur était enfermé. M. Penlan ramassa le corps du cheval que Sid n'avait pas voulu emporter non plus et il regarda les cinq enfants, car Yan venait de se joindre aux cousins. Il leur sourit à tous. « Eh bien, tout est fini maintenant, dit-il. Mick, j'ai pensé que tu était devenu fou quand je t'ai vu partir en courant avec cette tête de cheval sous le bras.

— J'ai eu une sorte d'inspiration, dit le garçon, modestement, en une seconde j'ai vu clair ! Il était temps, n'est-ce pas ? Les Barnies allaient s'en aller. »

Ils retournèrent à la ferme. Mme Penlan y était rentrée depuis un moment, les filles se doutaient bien pourquoi.

« Je vous prépare un bon repas, mes pauvres petits, vous n'avez rien mangé depuis ce matin ! Allez dans l'office et apportez ce que vous trouverez. »

Le jambon, le saucisson, le lard, les pâtés en un instant s'amassèrent sur la table. Annie alla cueillir des laitues dans le jardin et les lava, François éplucha des tomates, Claude fit cuire des œufs durs, une tarte aux fruits apparut comme par enchantement, répandant une bonne odeur, et deux grands pots de crème fraîche firent la joie de tous. Yan faisait les cent pas dans la cuisine, ses yeux devenaient de plus en plus grands au fur et à mesure qu'il voyait tant de délices préparés.

Mme Penlan riait :

« Allons, petit voyou, ôte-toi de mon chemin. Veux-tu manger avec nous ?

— Oui, dit Yan, le regard brillant.

— Alors, monte et va te laver les mains. »

Merveille des merveilles ! Yan grimpa l'escalier quatre à quatre et redescendit avec des mains presque propres. Tous s'assirent, François approcha une chaise à côté de lui et y arrangea Clopinant de telle manière qu'il avait l'air d'être assis à table, lui aussi. Annie attrapa le fou rire.

« Oh ! Clopinant ! tu as l'air vrai. Monsieur Penlan, qu'allez-vous en faire ?

— Je vais le donner, répondit le fermier en continuant à dévorer son repas. Oui, je vais le donner à des amis.

— Ils ont de la chance ! dit Mick. Savent-ils faire marcher les pattes de devant et les pattes de derrière ensemble ?

— Oh ! oui ! dit le fermier, ils se débrouilleront très bien. Il y a une seule chose qu'ils ne savent pas ! Aaaah ! »

Les enfants le regardèrent tout étonnés, pourquoi riait-il ainsi ?

« Fais attention maintenant, monsieur Penlan ! dit la fermière à son mari, le cheval te regarde. »

Le fermier rit encore à gorge déployée, puis dit aux enfants attentifs :

« Je vous disais que mes amis ignorent quelque chose !

— Quoi donc ?

— Ils ne savent plus sortir du cheval lorsqu'ils s'y sont enfermés. Aaaah !

— Attention à toi, monsieur Penlan, dit sa femme très amusée, Clopinant te regarde toujours. Mais pourquoi ne dis-tu pas la vérité tout de suite? Tu vas donner le cheval à Mick et à François, n'est-ce pas?

— Mon Dieu! c'est vrai? s'écria Mick enthousiasmé. Oh! merci!

— C'est naturel, dit le fermier, vous m'avez rendu un grand service. Je suis content de vous faire ce cadeau. Exercez-vous avec Clopinant, vous nous donnerez un spectacle avant de nous quitter! Aaaah! Clopinant est intelligent, il a tout compris!

— Il a cligné les yeux!» s'écria Claude; Dagobert sortit de dessous la table pour admirer Clopinant. «Je l'ai vu cligner les yeux.»

Etait-ce si étonnant? Le pauvre cheval de théâtre avait vécu une bien extraordinaire aventure.

Table

IMPRIMÉ EN FRANCE PAR BRODARD ET TAUPIN
Usine de La Flèche, 72200.
Loi n° 49-956 du 16 juillet 1949 sur les publications destinées à la jeunesse.
Dépôt : novembre 1989.